Kai Hermann · Margrit Sprecher
Sich aus der Flut des Gewöhnlichen herausheben

Kai Hermann · Margrit Sprecher

Sich aus der Flut des Gewöhnlichen herausheben
Die Kunst der Großen Reportage

Herausgegeben von
Wolfgang R. Langenbucher

Theodor-Herzl-Vorlesung

Picus Verlag Wien

Die Deutsche Bibliothek – CIP-Einheitsaufnahme

Sich aus der Flut des Gewöhnlichen herausheben :
die Kunst der großen Reportage / Kai Hermann ;
Margrit Sprecher. Hrsg. von Wolfgang R.
Langenbucher. – Wien: Picus Verl., 2001
(Theodor-Herzl-Vorlesung)
ISBN 3-85452-753-5

Copyright © 2001 Picus Verlag Ges.m.b.H., Wien
Alle Rechte vorbehalten
Grafische Gestaltung: Dorothea Löcker, Wien
Druck und Verarbeitung:
Druckerei Theiss GmbH, Wolfsberg
ISBN 3-85452-753-5

Inhalt

Wolfgang R. Langenbucher
»Poetik« des Journalismus?
Ein Plädoyer 9

Kai Hermann
Die Reportage – eine aussterbende Gattung? 13

Kai Hermann
Hexe und Zottel
Eine Liebe in Berlin 42

Kai Hermann
Eine unmögliche Liebe 59

Kai Hermann
Zwei gegen die Welt 66

Margrit Sprecher
Zwischen Sozialarbeiterinnenprosa und
Literatur
Die sozialkritische Reportage als Störfall 78

Margrit Sprecher
Olymp der Verkäufer
Wie das Weltwirtschaftsforum aus Davos ein
Dritte-Welt-Dorf machte 104

Margrit Sprecher
Die Minenräumer
Bei keiner andern Arbeit liegen Heldentum und Dreck,
Gefahr und Langeweile so nahe beieinander 112

Margrit Sprecher
Kein Anschluß unter dieser Nummer
Warum kann in der Schweiz ein Kind verhungern?.... 126

Wolfgang R. Langenbucher
»Poetik« des Journalismus?
Ein Plädoyer

> »(...) dass eine unauslöschliche Sehnsucht nach der Gerechtigkeit die Herzen der Menschen bewohnt – der Mehrheit, wenn schon nicht aller Menschen. Dass wir darum nicht verzagen sollen an einer besseren Zukunft unseres Geschlechtes. (...) Und dass wir mehr noch als nach der Revision schlechter Urtheile danach streben sollen, eine Revision der Vorurtheile herbeizuführen. Solche Botschaft ist heute durch die Drähte hinausgezittert nach allen fernsten Punkten der bewohnten Erde.«
>
> Theodor Herzl in seinem
> Korrespondentenbericht aus Paris
> über die »Revision der
> Dreyfus-Sache«
> (Die Welt, Nr. 23, 9. Juni 1899)

Mit »Fragen zeitgenössischer Dichtung« eröffnete Ingeborg Bachmann 1959/60 die bis heute laufende Reihe der »Frankfurter Poetik-Vorlesungen«, die für mehrere Universitäten des deutschsprachigen Raumes stilbildend wurden. Der österreichischen Dichterin folgten u. a. Heinrich Böll, Hans Magnus Enzensberger, Friedrich Dürrenmatt, Günter Grass und – in den neunziger Jahren – Rolf Hochhuth, Sarah Kirsch, Marlene Streeruwitz, Einar Schleef oder Hans Ulrich Treichel. Die aus diesen Gastvorlesungen entstandenen Bücher dokumentieren über vierzig Jahre die Poetik der modernen deutschsprachigen Literatur. Kann es eine solche Institution auch für Journalismus geben? Die Beobachtung, daß sie nirgends versucht wurde, spricht dagegen.

Andererseits, geht man auf den Ursprung des Wortes »Poetik« zurück, so findet man im Griechischen *poiein* – und dies bedeutet ja »schöpferisch tätig sein, herstellen, verfertigen«. »Poetik« also meint das »Studium des zu machenden Werkes«. Darauf verweist auch eine international schon Jahrzehnte alte kulturelle und universitäre Tradition. Unter dem Titel »Poétique Musicale« wurden beispielsweise bereits in den Jahren 1939/40 die Gastvorlesungen des Komponisten Igor Strawinsky an der Havard University berühmt und in den USA sogar zum Vorbild für viele derartige akademische Gastveranstaltungen. So hat auch die Hochschule für Musik und darstellende Kunst, das »Mozarteum« in Salzburg, 1992 eine »Gastprofessur für Poetik« eingerichtet, zu der Komponisten für Gastvorträge, Porträtkonzerte und Lesungen eingeladen werden.

Eine Poetik des Journalismus postuliert also den gleichen kulturellen und intellektuellen Rang wie es für Literatur, Musik und Kunst traditionellerweise selbstverständlich ist. Journalismus mag in seiner alltäglichen Massenhaftigkeit eine Dienstleistung sein, daneben und daraus hervorgehend aber ist er auch eine spezifische, traditionsreiche Kulturleistung, die gerade nicht terminologisch zur »Literatur« geadelt werden muß, um ihren ästhetischen und intellektuellen Rang angemessen zu benennen. Genuine, schöpferische

Leistungen haben auch im Journalismus zu zahlreichen identifizierbaren »Werken« und der Verbindlichkeit, der Kontinuität eines journalistischen Kanons geführt.

Dieser Kanon hat für den deutschsprachigen Journalismus sehr viel mit Wien zu tun. Von Egon Erwin Kisch stammt ein früher Versuch, diesen Kanon und seine weit zurückreichende, internationale Tradition zu dokumentieren: 1923 gab er die Anthologie »Klassischer Journalismus – Meisterwerke der Zeitung« heraus. Wo er aufhört, beginnt – Jahrzehnte später – ein Folgeband (»Sensationen des Alltags – Meisterwerke des modernen Journalismus«, herausgegeben von W.R. Langenbucher u.a., Wien 1992), der eine »Wiener Schule des modernen Journalismus« deutlich macht, parallel zu so vielen anderen Entwicklungen im Fin de siècle Wiens. An diese Tradition schließen wir mit der Namensgebung Theodor-Herzl-Dozentur an; huldigen damit freilich weniger dem Geschichte machenden Verfasser (1860–1904) des Buches »Der Judenstaat« (1896) als dem Feuilletonisten, Reporter, Pariskorrespondenten und Redakteur, kurz: einem der Großen des Wiener Journalismus.

Kriege, politische Umbruchszeiten, Exil (dokumentiert in dem Band »Vertriebene Wahrheit – Journalismus aus dem Exil«, herausgegeben von Fritz Hausjell u.a., Wien 1995) und der gesellschaftliche Wandel haben diesen um 1900 begründeten Traditionen die Kontinuität genommen. Aber auch heute gibt es einen Journalismus, dessen kulturschöpferische Leistung nicht zuletzt in der Eroberung immer neuer Welten der Wirklichkeit und spezifischer Methoden der Realitätserkundung besteht. Kritik, Wahrheitssuche und Aufklärung sind seine nicht wegzudenkenden Ziele – notwendig zumindest in einer Gesellschaft, die demokratisch sein und bleiben will. Neben dem Wort gehören die Fotografie und das dokumentarische Fernsehen heute zu den essentiellen journalistischen Ausdrucksmitteln.

Mit dem Studienjahr 2000/01 wurde deshalb am Institut für Publizistik- und Kommunikationswissenschaft der Universität Wien (Fakultät für Human- und Sozialwissenschaften) eine Dozentur für Poetik des Journalismus eingerichtet. Im Sommer 2000 erprobten Kai Hermann und Margrit Sprecher dieses Konzept. Für das Sommersemester 2001 wurde Herbert Riehl-Heyse (Leitender Redakteur der *Süddeutschen Zeitung*, München) für die Dozentur gewonnen, der im Mai vier Vorlesungen hielt, im Sommer 2002 wird Dr. Peter Huemer (Wien) die Dozentur übernehmen. Die Vorträge von Kai Hermann (Hamburg) und Margrit Sprecher (Zürich) werden hier – zusammen mit beispielhaften Reportagen – als Buch vorgelegt. Damit verbunden ist die Idee, daß so im Laufe der Jahre eine Buchreihe entsteht, die die Konturen einer Poetik als praktische Theorie des Journalismus erkennen läßt.

Wien, Sommersemester 2001
Wolfgang R. Langenbucher

Kai Hermann
Die Reportage – eine aussterbende Gattung?

Die Vorbereitung für diesen Vortrag hat mir Gelegenheit gegeben, einmal wieder über meinen Beruf nachzudenken, auch über meine Arbeit in diesem Beruf – und diese Gelegenheit gibt es nicht häufig. In der Öffentlichkeit, ja selbst in den Redaktionen, wird Journalismus – so ist jedenfalls mein Eindruck – nur selten reflektiert. Und das ist eigentlich sehr seltsam. Schließlich heißt es, daß das, was wir Journalisten tun, die Voraussetzung einer freiheitlich verfaßten Gesellschaft ist, daß unsere Arbeit fast die einzige Informationsquelle für die Bürger darstellt und daß sie ein Teil der Kultur sein soll. Nicht zuletzt sind Produkte des Journalismus ein wichtiges Freizeitangebot. Aber so richtig ernstgenommen wird diese Rolle von der Gesellschaft offenbar nicht. Es gibt Filmkritik, es gibt Musikkritik, es gibt Literaturkritik und so fort – Journalismuskritik ist sehr selten. Mir scheint es manchmal sogar so, als gäbe es im deutschsprachigen Raum nicht mal mehr Kriterien für guten und schlechten Journalismus, auch in vielen Chefetagen der Medien nicht.

Vielleicht beginnt das alles in den Schulen, wo man ja den Schülern – meist vergeblich – beibringt, sich mit Shakespeare und Schiller auseinanderzusetzen, aber der kritische und selektive Umgang mit geschriebener oder gefilmter Information steht nicht – oder nur beiläufig – auf dem Stundenplan. Und ich habe den Verdacht, daß auch uns Journalisten die Maßstäbe verlorengehen, wenn als gut in der Branche gilt, wer und was sich auf dem Medienmarkt gut verkauft. Inhalt und Form werden zur Nebensache.

Das hat gewiß auch etwas mit dem Stellenwert des Journalismus im deutschsprachigen Raum zu tun. Es gibt ja dieses Ranking von Berufen, die Status haben. Da steht ganz oben der Professor, und dann kommt der Arzt; und der Journalist kommt irgendwann hinter dem Polizisten. Und das alles hat Tradition. Journalismus ist in Deutschland immer ganz anders eingeordnet worden als im angelsächsischen Raum. Wir unterscheiden ja streng in »U« und »E«, in Unterhaltendes und Ernsthaftes. Und Journalismus läuft unter »U«. Deswegen gibt es Journalismuskritik ebensowenig wie es Schlagerkritik gibt. In anderen Ländern – vor allem in angelsächsischen Ländern – ist es selbstverständlich, daß Journalismus und Literatur ineinander übergehen. Die meisten großen amerikanischen Schriftsteller haben als Journalisten begonnen und haben sich auch später noch als Journalisten begriffen. Im deutschsprachigen Raum ist das eigentlich unmöglich. Entweder man ist Literat, oder man ist Journalist.

Man nimmt den Journalismus in der Gesellschaft nicht so ernst, wie man es eigentlich von seiner Bedeutung her müßte. Da es keine fundierte Auseinandersetzung mit Journalismus gibt, werden an den Schreibenden eigentlich immer nur zwei Forderungen gestellt. Ich höre immer: »Objektiv soll es sein, was Sie schreiben – und wahr.« Das sind zwei ziemlich unsinnige Ansprüche, denn den »objektiven Journalismus« kann es nicht geben. Jeder Agenturjournalist, der über ein Ereignis, eine Veranstaltung fünf Sätze schreibt, kann in diesen fünf Sätzen nicht objektiv sein. Die pauschalisierende Zusammenfassung ist bereits eine sehr subjektive Geschichte. Was einen aber wundert, ist, daß da fünf Kollegen von Agenturen sind, die fünf ähnliche Sätze über eine Veranstaltung finden. Es gibt also eine erlernbare Scheinobjektivität. Ein im Nachrichtenjournalismus Unerfahrener würde nie die »richtigen« fünf Sätze finden, die ein komplexes Ereignis beschreiben sollen. Die Wirklichkeit oder gar die Wahrheit in ein paar Zeilen zu komprimieren wird allerdings auch dem routiniertesten Agenturjournalisten nicht gelingen.

Schon der Begriff Wahrheit ist sehr zweifelhaft in diesem Metier. Denn was die eine Wahrheit ist, die oft gefordert wird, das enthüllt meist auch die sorgfältigste Recherche nicht.

Richtige Recherche verdeutlicht im Gegenteil in der Regel, daß fast alle Geschichten mehrere Wahrheiten haben, Wahrheiten, die sich auch noch widersprechen. Das gehört zu den Dingen, die unser Geschäft schwierig machen, weil der Leser, oft auch der Redakteur, auf der einen Wahrheit besteht, die angeblich durch die gute Recherche zutage tritt. Ich will versuchen, das an einigen Beispielen aus eigener Erfahrung zu verdeutlichen. Ich möchte über eine Geschichte sprechen, die ich vor einigen Jahren gemacht habe

Es war im Bayerischen Wald. In einem Dorf wurde, offenbar mit Unterstützung des ansässigen katholischen Pfarrers, ein Haus angesteckt, das für behinderte Kinder bestimmt war. Es gab europaweit einen Aufschrei der Empörung. Ich wurde damals vom Nachrichtenmagazin *Der Spiegel* in dieses Dorf geschickt, um irgendwie in diesen Chor der Empörung einzustimmen. Ich habe aber dann angefangen, mich mit den Dörflern und dem Pfarrer zu unterhalten und fand heraus, daß der Betreiber des Heimes ein ganz windiger Geschäftsmann, wenn nicht sogar ein Gangster war. Und daß diese Dörfler, die sehr arm waren, gerade angefangen hatten, Tourismus aufzubauen. In ein Dorf mit etwa fünfzig Einwohnern wären hundert behinderte Kinder aus Frankfurt gekommen.

Ich habe das Ereignis schließlich aus der Perspektive des Pfarrers und der Einwohner beschrieben. Von den drei geistig behinderten Menschen berichtet, die in diesem Dorf lebten und voll in die Gemeinschaft integriert waren. Ich habe die Dörfler zitiert, die sagten: »Wir kümmern uns doch selbst um unsere Deppen. Warum können die Frankfurter das denn nicht auch? Warum müssen diese hundert behinderten Kinder ausgerechnet zu uns kommen? Und ein Geschäftemacher auf unsere Kosten reich werden?«

Das war eine andere Wirklichkeit oder Wahrheit, als sie die übrigen Medien verbreiteten – vom gottlosen Pfarrer und seiner herzlos brandschatzenden Gemeinde.

Der *Spiegel* hat das nach einigem Zögern gedruckt. Aber unvermeidlich kam dann der Vorwurf, ich hätte einen empörenden Vorfall verharmlosend gerechtfertigt. Denn wo das Gute, wo das Böse ist, scheint oft schon vor Beginn der Recherche festzustehen.

Die »falsche« Perspektive bei der Berichterstattung zu wählen bleibt nicht immer folgenlos.

Ich machte nach der Islamischen Revolution eine Reportage über die Situation im Iran. Die westliche Welt hatte bereits ihr Schreckensbild vom Ayatollah Chomeini. Während die große Mehrheit der Iraner noch hinter Chomeini und seiner Revolution stand.

Mich interessierte nun, warum die Menschen, unter ihnen viele Intellektuelle, die im Ausland studiert hatten, ein angebliches Schreckensregime unterstützten. Ich beschrieb die Revolution weitgehend aus ihrer Perspektive, ohne mich immer gleich zu distanzieren und meinen aufgeklärten Humanismus dagegen zu stellen. Ich zitierte ihre Ansicht, daß die westlichen Ideen und Modelle, ob Kapitalismus oder Marxismus, im Iran gescheitert seien und man deshalb zu den sozialen und kulturellen Wurzeln des Landes zurückmüsse.

Ich schrieb die Reportage für das linke Intellektuellenblatt *Konkret* und meinte, dessen Leser könnten den Perspektivenwechsel verkraften.

Das war falsch gedacht. Ich stand plötzlich als Apologet von Menschenrechtsverletzern da. Eine Koalition aus iranischen Widerstandsgruppen und deutschen radikalen Linken forderte mich unter massiven Drohungen ultimativ auf, in einer öffentlichen Versammlung zu gestehen, daß ich bestochen worden sei. Die Vorwürfe von konservativer Seite waren nahezu identisch. Bis heute haben Kollegen diesen Artikel archiviert und hauen mir bei Gelegenheit ausgesuchte Zitate um die Ohren. Es gibt Konflikte, in denen nicht Recherche und umfassende Information gefragt sind, sondern vor allem das Bekenntnis für die richtige, die gute Seite.

Ich bin dabei geblieben, immer auch nach den anderen, den wenig populären Wahrheiten zu suchen. So war ich während des Balkan-Krieges nicht wie Hunderte Chronisten im belagerten Sarajewo, sondern bei den Belagerern. Und es war schon erstaunlich, daß ich auf der serbischen Seite nie einem »westlichen« Kollegen begegnet bin.

Die Wahrheit und der Krieg, das ist bekanntermaßen ein eigenes Kapitel.

Ich war nun in einigen Kriegen. Und es gibt ja dieses geläufige Wort, daß das erste Opfer im Krieg die Wahrheit ist. Damit ist gemeint, daß die Kriegführenden mit ihrer Propaganda die Wahrheit unterdrücken. Ich sehe darüber hinaus meine Zunft in Kriegen aber alle journalistischen Maßstäbe verlieren. Und das finde ich viel bedenklicher. Zum Beispiel der Jugoslawienkrieg, wo sehr schnell, wie immer in Kriegen, zwischen Guten und Bösen unterschieden wurde. Kriege verkaufen sich nur, wenn es Gute und Böse gibt. Das hieß, die Serben waren die Schlechten. Man wurde eigentlich schon im vorhinein von den Redaktionen losgeschickt, um nach serbischen Massakern, nach Massengräbern zu forschen. Wenn man darauf kam, daß die Kroaten das gleiche machten, war das nicht gefragt. Es ist schon erstaunlich, was in Kriegen im Journalismus geschieht. Das war in Österreich und Deutschland, soweit ich das übersehen kann, am schlimmsten. Man hat sich in der Berichterstattung gegenseitig überboten an Greueltaten, wie gesagt der Serben. Man darf dann in solchen Kriegen plötzlich, ohne gegenzuchecken, niederschreiben, was man an Gerüchten hört. Das sind im allgemeinen nicht die wirklichen Greueltaten, die auf beiden Seiten passieren, das sind immer irgendwelche archetypischen Greueltaten. Der Gipfel der Grausamkeit der Serben, über den auch im *stern* und in mehreren anderen Blättern berichtet wurde, war, daß sie Väter zwingen, die eigenen Söhne zu vergewaltigen. Und ich habe den Kollegen, der diese *stern*-Geschichte gemacht hat, gefragt: »Wie geht das, kannst du mir das erklären?« Er sagte mir lediglich: »Ich habe eine sichere Quelle dafür.«

Nun zur Reportage. Das Lamentieren geht gleich weiter. Denn mir scheint, daß die Reportage eine aussterbende Gattung ist – oder sein könnte. Sie überlebt derzeit in Biotopen zwischen faktentriefenden Sachgeschichten, an die kaum noch formale Ansprüche gestellt werden. Und selbst in Magazinen wie dem *stern* – ich werde noch darauf zurückkommen –, deren Substanz und Erfolgsrezept eigentlich Reportagen in Wort und Foto waren, wird der Raum für Reportagen immer kleiner. Und gerade die jüngeren Kollegen scheinen es für ausgemacht zu halten, daß die Reportage eine journalistische Ausdrucksform der älteren Generation ist. Vielleicht ist das ja auch erklärbar in Zeiten, in denen bruchstückhafte Fakten aus dem Internet das Informationsbedürfnis zu befriedigen scheinen und Kommunikation im Chatroom stattfindet. Trotzdem glaube ich nicht, daß die Spezies Reportage wirklich vom Aussterben bedroht ist. Schließlich stand sie am Anfang allen Journalismus. Denn was ist eigentlich eine Reportage? Eine Reportage ist eine erzählte Geschichte, eine Geschichte von Menschen, von den Schicksalen dieser Menschen, von heldenhaften, exotischen oder von gemeinen – und auch immer von der Gesellschaft, in der diese Menschen leben. Solche Geschichten haben die Menschen erzählt, geschrieben, gesungen – ich vermute, seit es Menschen gibt. Und sie wollten sie immer auch hören oder lesen. Das alte Testament besteht aus solchen Geschichten, die Sagen der Völker könnte man als Vorläufer der Reportage bezeichnen – wenn auch aus einer weniger faktengläubigen Zeit, aus einer Zeit, als die Fantasie zweifellos noch über der Recherche stand. Aber andererseits, was haben die Erfinder der modernen Illustrierten mit ihren bebilderten Reportagen eigentlich anderes gemacht als die Bänkelsänger des Mittelalters? Sie haben die Bänkelsänger kopiert. Sie haben Bilder gezeigt und Geschichten dazu erzählt, wie es der *stern* später auch gemacht hat.

Ich kann mir kaum vorstellen, daß dieses Bedürfnis im Internetzeitalter verlorengeht. Der Verdacht, den ich vielmehr habe, ist, daß das Medienmanagement auf einen selbst postulierten, angeblichen Trend reagiert. Denn plötzlich hat ein Reklamespruch die Printmedien stilbildend beeinflußt. Der heißt, erfunden von der Werbeagentur des Magazins *Focus*: »Fakten, Fakten, Fakten.« Eine neuere Variante lautet: »Fakten genießen.« Der Spruch ist vielleicht nicht ungeschickt, weil er dem Leser suggeriert, was er ja will – endlich den gewünschten, objektiven, wahren Journalismus zu bekommen, dem er sich dann völlig unbeeinflußt in seinem eigenen Heim widmen kann. Von den Machern wird das allerdings wörtlich interpretiert. Ich habe den Eindruck, sie meinen, der Leser verlange wirklich nach jeder Menge Information. Wir kennen das mittlerweile: Artikel, auch Reportagen, werden durchlöchert mit Kästchen, mit Kleingrafiken, mit Zahlen und Daten. Das Ganze ist den Websites nachempfunden. Es kommt mir manchmal so vor, als arbeiteten die Erfinder dieses Faktenjournalismus an der Beseitigung der eigenen Medien, denn solche unverarbeitete Information – meist zusammengeschrieben aus Lexika und statistischem Material – läßt sich dann doch amüsanter und etwas schneller aus dem Internet ziehen. Ich kann es nicht beweisen, aber ich bin mir einigermaßen sicher, daß das »Fakten-Fakten-Konzept« nicht die Zukunft der Kommunikation ist. Jedenfalls ist es schwer zu glauben, daß der Durst nach Geschichten aus »dem wahren Leben« vom Internet und seinen journalistischen Nachahmern gestillt wird. Ich denke, die menschliche Software kann schon jetzt die Flut an Informationen, mit denen wir bombardiert werden, nicht mehr verarbeiten. Längst stellt sich die Welt, in der wir leben, für die meisten unbegreiflich, abstrakt dar. Ich meine, sie wird um so unerklärbarer, je mehr Fakten wir abspeichern sollen.

Wenn ich von meinen Bedürfnissen ausgehe, so fordere ich eigentlich Hilfe bei der Ordnung von Informationen. Ich möchte, daß sich abstrakt vorstellende Vorgänge für mich konkret erfahrbar gemacht werden. Daß mir auch ein sinnliches Gefühl von dem vermittelt wird, was außerhalb meiner doch sehr begrenzten Erfahrungswelt geschieht – und dann finde ich es gut, wenn das alles noch möglichst spannend erzählt wird. Und genau das kann die Reportage. Sie kann es, wenn sie ein paar Kriterien erfüllt. Ich bin in diesem Punkt sehr subjektiv. Diese Kriterien sind vom Aufbau und Anspruch her gar nicht so weit weg von den erwähnten Sagen und Moritaten, sie sind aber auch der Struktur von Hollywoodfilmen nicht unähnlich.

Zunächst meine Definition: Keine Reportage sind für mich jene Artikel, die immer häufiger werden und in den Redaktionen auch unter der Rubrik Reportage laufen, in denen Wirklichkeit in unstrukturierten Sachgeschichten erzählt wird, die sich aber dadurch camouflieren, daß sie einen szenischen Einstieg haben. Und dieser Einstieg ist dann meist auch ohne größere Bedeutung für das, was eigentlich mitgeteilt werden soll. Solche Artikel werden mitten in ihrer Sachgeschichte blumig-szenisch und greifen ihren Einstieg am Ende nochmals auf. Das muß irgendwo gelehrt werden. Und sie machen es, ob es paßt oder nicht. Ich rechne aber auch eine andere, eher anspruchsvolle Form nicht zur klassischen Reportage. Das ist die eher feuilletonistische Darstellung einer Geschichte mit vielen im Idealfall treffenden und originellen Adjektiven und überhöhten Reflexionen des Autors. Es gibt im deutschen Sprachraum einige wirklich exzellente Schreiber, die ich gerne lese und die häufig preisgekrönt werden, aber es ist auch eine sehr deutsche Sache. Ihr Nachteil ist, daß die Geschichte vor allem benutzt wird, um die schreiberische Artistik des Autors zu präsentieren. Man erfährt eigentlich mehr über den Verfasser und seine Weltsicht als über die Person, die er beschreibt oder das Geschehen, um das es geht. Dieses ist eine Gefahr, vor der kaum ein Schreibender geschützt ist. Und zu Reportagen, wie ich sie gerne lese und eigentlich auch versuche zu schreiben, gehört auch Bescheidenheit. Es gehört Beschränkung dazu, auch Beschränkung in der Sprache. Man muß in einer Reportage nicht zeigen, was man an Formulierungskünsten draufhat. Man muß keine originellen Metaphern präsentieren, man muß auch nicht deutlich machen, wie wissend man ist.

Vorbilder für die Reportage, die ich meine, gibt es im deutschen Sprachraum nur wenige. Egon Erwin Kisch steht doch ziemlich allein da. Die Vorbilder sind eher im Angelsächsischen zu finden, bei den Amerikanern insbesondere. Da leben diese anerkannten Journalisten, die respektable Schriftsteller sind. Angefangen bei Ernest Hemingway, Truman Capote, Tom Wolfe; man könnte viele nennen. Ausgehend von ihnen meine ich, daß eine Reportage nach Möglichkeit immer eine Geschichte sein soll, etwas wie eine Shortstory. Sie erzählt meistens von einem oder mehreren Menschen und der Welt, in der sie leben. Man kann aus fast allem, was man mitteilen will, Geschichten machen. Wir tun das ja eigentlich tagtäglich bei der mündlichen Kommunikation. Wir versuchen das, was wir anderen mitteilen wollen, als spannende, lustige, traurige Geschichte zu vermitteln, weil wir Aufmerksamkeit wollen. Das heißt, wir müssen vermeiden, den Gesprächspartner zu langweilen, und das können wir nur durch Geschichten. Also kommt Mitteilung – selbst über unsere Probleme, unseren Seelenzustand – anekdotisch daher. Wir suchen doch geradezu automatisch nach einem möglichst spannenden Anfang, um das Gegenüber zum Zuhören zu zwingen. Ich wohne seit Jahrzehnten in einem Dorf. Und auch der Dorfklatsch passiert in Geschichten, nicht in Mitteilungen und nicht in Fakten, sondern in sehr blumigen Geschichten.

Nun ist es ein sehr merkwürdiges Phänomen, daß dieses Prinzip im Journalismus mehr oder weniger negiert wird. Als ich beim *Spiegel* begann, war es geradezu ein Zwang, Geschichten zu schreiben. Das ist die *Spiegel*-Geschichte. Jeder, der zum *Spiegel* kam, mußte erst einmal lernen, die *Spiegel*-Geschichte zu schreiben. Das hat sich ein bißchen selbst ad absurdum geführt, weil es einige nicht konnten oder weil sich manche Themen wirklich nicht für Geschichten eigneten. Als ich dann zum *stern* kam, war noch der Gründer Henri Nannen da. Wenn man dem sagte, ich habe da ein interessantes Thema, dann fragte er: »Wie wird daraus eine *stern*-Geschichte?« Das mag damals übertrieben gewesen sein, aber jetzt ist dieser Anspruch ins Gegenteil umgeschlagen. Es werden eigentlich in den Magazinen – in den Tageszeitungen ohnehin nicht – keine Geschichten erzählt. Wir kriegen immer mehr unstrukturierte Informationen vorgesetzt, von denen wir einfach hinnehmen müssen, daß sie wissenswert für uns sein sollen. Wir müssen uns die Information erarbeiten, sie wird uns nicht mehr leichtgemacht. Das ist ein bißchen wie im schlechten Schulunterricht, eben: Fakten, Fakten, Fakten. Es scheint, daß nur noch die Boulevardzeitungen wissen, daß auch Meldungen Geschichten sein können, und die setzen das natürlich um, wenn auch grobschlächtig, mit einem reißerischen Anfang und einem deftigen Ende. Vielleicht ist das auch wieder eine sehr deutschsprachige Tradition, daß man, wenn man seriös sein will, keine Geschichten erzählen darf. Das gilt ja auch für die neuere deutsche Literatur; da wird wenig erzählt. Und das gilt auch für den deutschen Autorenfilm; auch da ist es geradezu verpönt, eine Geschichte zu erzählen – im Gegensatz etwa zum amerikanischen Film. Wenn ich jetzt sage, daß eine Reportage eine Geschichte sein soll, dann meine ich schon eine Geschichte, die eine Dramaturgie hat, einen Anfang, einen Mittelteil und einen Schluß. Und wer da nicht vom Boulevardjournalismus lernen will, der sollte sich nun doch noch mal die deutschen Heldensagen ansehen oder gelegentlich die Struktur von Hollywoodfilmen analysieren. Wieviel Spielfilm und Reportage in ihrer Struktur gemeinsam haben, ist mir selbst erst aufgefallen, als ich anfing Drehbücher zu schreiben. Ich muß hier erwähnen, daß ich Jahrzehnte lang ohne irgendwelche theoretischen Erkenntnisse über Reportage und Journalismus gearbeitet habe, und manches ist dabei auch gelungen. Aber nachträglich würde ich sagen, manches wäre vielleicht noch besser geworden, wenn ich mehr über die Struktur von Reportagen nachgedacht hätte. Es ist wirklich hilfreich, die der Reportage sehr ähnliche Struktur von Hollywoodfilmen beim Schreiben im Hinterkopf zu haben. Denn die amerikanischen Drehbuchschreiber verstehen im Gegensatz zu den deutschen wirklich etwas vom Geschichtenerzählen.

Sie haben zum Beispiel eine eherne Regel. Die gilt mittlerweile allerdings auch in Deutschland:

Auf den ersten zehn Seiten des Drehbuchs muß der sogenannte Plot klar erkennbar sein, es müssen die Personen »anentwickelt« sein, der Spannungsbogen muß beginnen. Es ist üblich, daß der Regisseur oder der potentielle Produzent nur die ersten zehn Seiten liest – zunächst jedenfalls. Wenn man das auf die Reportage überträgt, dann heißt das, daß es gut ist, wenn in den ersten drei, vier, fünf Absätzen – je nach Länge der Geschichte – dem Leser klar wird, um was es geht, eine Spannung aufgebaut wird und zumindest die handelnden Hauptpersonen eingeführt werden. Das ist eine Erkenntnis, die Henri Nannen hatte – ich muß immer wieder auf ihn zurückkommen, für mich ist er einer der Väter der Reportage. Hinzufügen müßte ich vielleicht noch, daß sein Blatt, der *stern*, ursprünglich ein reines Reportagenblatt war, und zwar vor allen Dingen ein Fotoreportagenblatt. Der *stern* hatte in seiner Hoch-Zeit in den siebziger Jahren als reines Reportagenblatt Auflagen von über zwei Millionen.

Die fotografische Reportage gibt es im *stern* heute kaum noch. Nannen ging ganz ähnlich wie die Produzenten und Regisseure in den USA, wenn sie ein Drehbuch kriegen. Er las die ersten drei, vier Absätze einer Geschichte, und wenn die ihn langweilten, dann sagte er: »Macht das noch mal, oder schmeißt es in den Papierkorb.« Das fanden wir alle furchtbar ungerecht, weil es sich oft um eine ganz tolle Geschichte handelte. Und man hätte nur zwei, drei Seiten weiterlesen müssen, um zu wissen, wie toll diese Geschichte war. Dasselbe machte er übrigens mit Fotos. Da kamen Fotoreporter nach wochenlanger, entbehrungsreicher Reise nach Hause mit ihren Fotos und wollten dann erklären, wie wichtig ein bestimmtes Foto sei oder unter welch schwierigen Umständen es zustande gekommen sei. Nannen blätterte diese Fotos durch und sagte immer mal wieder: »Das ist es, das ist es, das ist es ...« Das waren Fotos, die Geschichten erzählten, die keine Erklärung brauchten, die in sich Reportagen waren.

Völlig irreführend und ärgerlich für den Leser ist es, wenn man eine Szene an den Anfang stellt, die nicht weiterführt, die nicht den Spannungsbogen schlägt. Man muß sich ja auch fragen, warum sollte der Konsument von Printmedien anders reagieren als der TV-Seher, der sich einen Film fünf bis zehn Minuten anguckt und, wenn er dann nicht »angesprungen« ist, weiterzappt. So ist es doch bei dem Überangebot in den Magazinen oder Zeitungen auch. Da kann ich doch nicht annehmen, daß Leser weiterlesen, nur weil ein bestimmter Autorenname über einem Artikel steht oder das Thema gerade in ist; sie blättern wahrscheinlich weiter, wenn man sie in den ersten Absätzen langweilt oder sie nicht wissen, worum es geht. Sie haben den Anspruch, am Beginn einer Reportage zu erfahren: »Muß ich das lesen, worum geht es, interessiert mich das?« Daraus ergibt sich, daß der Anfang der Reportage der weitaus wichtigste Teil ist. Und auch, daß das Schreiben des Anfangs einer Reportage die wichtigste Arbeit ist, die oft sehr viel Zeit in Anspruch nimmt, denn der Anfang entscheidet, wie eine Geschichte läuft, er bestimmt den Sprachduktus, und er bestimmt wirklich den ganzen Fortgang der Geschichte. Es hat überhaupt keinen Sinn, herumzumogeln und wieder diese berühmte Szene, die vielleicht die schönste im ganzen Artikel ist, an den Anfang zu stellen – und dann geht es plötzlich nicht weiter. Es geht nicht nur für den Leser nicht weiter, es geht auch für den Schreibenden nicht weiter.

Der Anfang sollte immer vor der erklärenden Einleitung stehen. Ich habe also erst nach einem gelungenen Anfang den Platz, Basisinformation, die der Leser zum Verständnis der Geschichte braucht, sparsam loszuwerden. Und dabei ist ein anderes Prinzip aus dem Drehbuchschreiben auch ganz hilfreich, wenn man es im Hinterkopf hat. Eine Regel für Drehbücher heißt, daß jede Szene die Handlung vorantreiben muß. Auf die Reportage angewandt, bedeutet das, jeder Absatz muß die Geschichte vorantreiben. Den großen Spannungsbogen werde ich bei Reportagen meistens nicht durchhalten können, aber ich kann immer wieder, wie auch beim Film, Nebenplots unterbrechen durch Geschichten in der Geschichte – und die sollten auch wiederum Anfang, Mittelteil und Ende haben. Das heißt natürlich, die Fakten ordnen sich der Dramaturgie unter. Mein Prinzip widerspricht dabei völlig dem Trend. Ich versuche so wenig abstrakte Information wie möglich in die Reportage hineinzuschreiben. Also nur soviel, wie unbedingt zum Verständnis notwendig ist oder als Beleg gebraucht wird, um eine Geschichte glaubhaft zu machen. Ich habe dabei auch kein schlechtes Gewissen, denn es gibt ernsthafte Untersuchungen, in denen man Lesern Faktenartikel vorgelegt und sie hinterher abgefragt hat. Dabei ist herausgekommen, daß die Leser unmittelbar nach der Lektüre 80–90 Prozent der in diesen Artikeln enthaltenen Fakten vergessen hatten. Wer aber auf überflüssige Fakten verzichtet, macht seine Rechnung immer häufiger ohne den Redakteur, der seine Geschichte redigiert. Und dieser Redakteur scheint heute allwissend. Denn er hat einen Rechner auf dem Schreibtisch. Und mit ein paar Mausklicken ist er im entsprechenden Sachgebiet und kann die Reportage mit einem Schatz von Fakten verstümmeln. Er beweist sich damit ja als sachkundiger Fachredakteur. Von daher ist das Internet tatsächlich eine Bedrohung für die Reportage. Aber zurück zu den Kriterien einer gelungenen Reportage. Zur Frage, welche Talente braucht es dazu?

Ich meine, es ist ganz gut, wenn man mit Sprache umgehen kann. Aber ich finde, eine entscheidendere Sache ist eines: die Neugier. Und ich denke, es braucht beinahe eine krankhafte Neugier. Es braucht auch die gehörige Portion Voyeurismus. Diese Sucht, in einer Gastwirtschaft etwa, unbedingt wissen zu wollen, wer die Menschen am Nebentisch sind, was sie machen, welche Probleme sie vielleicht gerade wälzen. Was ist mit dem Pärchen zwei Tische weiter. Haben sie gestritten, oder sind sie dabei, sich zu verlieben?

Man will es rauskriegen, weil man weiß, daß hinter jedem Menschen, jeder scheinbar belanglosen Begebenheit eine spannende Geschichte steckt.

Eine andere Voraussetzung für eine gute Reportage ist, daß ich mich wirklich mit einem freien Kopf auf das einlasse, was ich beschreiben will. Das ist nicht mehr selbstverständlich. Üblich ist die Vorrecherche, und danach hat man die Geschichte im Kopf und sucht bei der Recherche vor Ort oder beim Gespräch mit den Menschen, über die man schreiben will, eigentlich nur noch nach der Bestätigung der im Kopf fertigen Geschichten. Es gibt Extrembeispiele von Kollegen, die auf einen Auslandseinsatz gehen und die Geschichte im Flugzeug aus den Clippings, den im Archiv gesammelten Zeitungsausschnitten, basteln und dann vor Ort noch ein bißchen farbige Bestätigung für das, was sie irgendwo abschreiben, holen. Vielfach verlangen auch schon die Redaktionen nach dem voraussichtlichen Ergebnis einer Recherche, bevor sie einen höheren Spesenbeitrag bewilligen. Um den Auftrag zu bekommen, tischt der Autor eine möglichst sensationelle Geschichte auf, die sich möglicherweise vor Ort dann gar nicht bestätigen läßt. Jedenfalls steht er unter dem Druck, das Angekündigte durch einseitige Recherche zu belegen.

In dem Moment, wo ich schon mit einer vorgefaßten Konzeption einer Geschichte irgendwo ankomme, ist es klar, daß ich zumache, daß ich nicht höre, daß ich nicht sehe, was nicht in meine Konzeption paßt. Es muß alles ins Vorabschema hineinpassen.

Für mich entsteht eine Reportage sehr, sehr langsam. Ich denke, man sollte offen sein, bereit sein, eine Konzeption, die man natürlich ständig wieder neu im Kopf hat, selbst wenn man denkt, »Mensch, das ist es jetzt«, zu ändern. Auch die Geschichte, die ich erzählen will, erfahre ich oft erst ganz am Ende einer Recherche. Und dann gibt es auch den Fall, daß ich in dem Moment, wo ich vor dem Laptop sitze, immer noch keine richtige Vorstellung von dem habe, was ich schreiben will. Und dann ist es eigentlich der Anfang, der über alles entscheidet, der über den Fortgang der Geschichte entscheidet. Und dann nehme ich mir vielleicht ein, zwei Tage, um diesen Anfang zu schreiben, und plötzlich ist die Geschichte da. Aber auch während des Schreibens können sich Geschichten noch verändern, weil man sehr oft erst beim Formulieren merkt, ob die Geschichte wirklich so läuft, wie man sie sich zunächst noch ziemlich abstrakt im Kopf vorstellt. Ich denke sogar: Bestenfalls wird man beim Schreiben zum Gefangenen seiner Geschichte, die sich dann selbst fortschreibt. Also das, was wir schon in der Schule gelernt haben, was auch an Journalistenschulen gelehrt wird, zunächst ein Exposé machen, einen Aufriß und so weiter – bei mir funktioniert das absolut nicht. Bei mir hat es auch schon in der Schule nicht funktioniert.

Das heißt natürlich, daß man zu seiner Recherche viel Zeit braucht. Man braucht sehr viel mehr Zeit als für eine Sachgeschichte. Das ist paradox, aber man muß erst unheimlich viele Fakten recherchiert haben, bevor man sie dann auch guten Gewissens weglassen kann – man ist sich seiner Sache sicher. Wie man sie wegläßt, da hat jeder seine eigenen Rezepte. Ich schreibe mir sehr wenig auf, und ich benutze die wenigen Notizen dann selten, lese sie nicht wieder. Ich habe ein sehr schlechtes Gedächtnis, was mir hilft, denn mein Gedächtnis ist ein Filter. Ich denke, das, an was ich mich zuletzt noch erinnere von dem Gehörten, von dem Gesehenen, das behält vielleicht auch der Leser länger im Gedächtnis. Ich habe die meisten meiner erfolgreicheren Reportagen über Wochen oder auch Monate recherchiert. »Wir Kinder vom Bahnhof Zoo« – das war ein Jahr Recherche. Ich habe eine Geschichte über ein Punkerliebespaar gemacht. Die habe ich insgesamt über eineinhalb Jahre immer wieder begleitet. Eine anderes Projekt war eine Geschichte über einen harmlosen Wanderer, der im Rahmen der Großfahndung nach dem Vielfachmörder Zurwehme erschossen worden ist – auch das dauerte Wochen. Und ich hatte noch einen Kollegen, der zusammen mit mir recherchierte. Dabei, denke ich, merkt man den Geschichten selten an, daß wirklich so viel Recherche dafür notwendig war. Und wahrscheinlich ist es auch gut, wenn man es den Reportagen nicht anmerkt.

Geschichten handeln meistens von Menschen, Reportagen handeln meistens von Menschen. Und auf diese Menschen muß sich der Schreiber bei der Recherche einlassen. Das erste Gebot für mich dabei ist, daß man diese Menschen ernst nehmen muß. Man muß sie ernst nehmen, um ihnen überhaupt zuhören zu können. Man sollte immer im Hinterkopf haben, daß man sie später zu Objekten macht. Und ich habe dann auch noch den Hang, diese Menschen irgendwie mögen zu müssen. Weil ich denke, das gehört dazu, damit ich sie wirklich verstehe, muß ich sie auch irgendwie mögen. Das geht bei erstaunlich vielen Menschen. Selbst wenn man sich das zunächst gar nicht vorstellen kann. Das geht bei mir manchmal bis zur Teilidentifizierung, auch wenn ich dann für diese Identifizierung die dunkleren Seiten meiner Psyche bemühen muß. Ich versuche es jedenfalls, mich in die Menschen, über die ich schreibe, hineinzudenken und auch ihre Emotionen mitzuempfinden. Ich weiß schon, daß das eigentlich dem Distanzgebot für Journalisten widerspricht. Und das beschränkt mich dann auch bei der Themenwahl, denn es gibt nun einmal Menschen, mit denen ich beim besten Willen nicht zurechtkomme und auch nicht zurechtkommen will – und über die zu schreiben mir sehr schwer fällt. Wie nahe man den Menschen kommen muß, über die man schreibt, hängt allerdings von der Form der Reportage ab. Und die Bandbreite der Formen ist groß, sie reicht für mich von der konventionellen beobachtenden Perspektive bis zu der Möglichkeit, die Hauptperson vom Objekt zum Subjekt der Geschichte zu machen, sie aus ihrer Perspektive in der Ichform reden zu lassen. In der konventionellen Form ist Distanz nicht nur möglich, sondern gefordert. Der Reporter ist der Wissende, steht über Personen und Geschehen, er beschreibt Atmosphäre, Handlungen, Menschen mit mehr oder weniger Anteilnahme – mal kühl, mal mit Ironie, mit Sympathie oder auch mit Mitleid. Der Grad zwischen distanzierter Beschreibung und Anmaßung ist aber sehr schmal. Ich glaube, das ist trotzdem die Form der Reportage, die sich in den meisten Fällen anbietet und die ich auch am häufigsten wähle.

Eine andere Möglichkeit, die es zumindest für mich gibt, ist nicht unumstritten. Ich habe sie in dieser bereits erwähnten Punkerliebesgeschichte versucht. Die ist in der dritten Person geschrieben, und trotzdem wird die Geschichte – jedenfalls teilweise – aus der Perspektive der Hauptpersonen erzählt. Ich habe versucht, das kenntlich zu machen durch die Sprache, die sich dann scheinbar dem Szenejargon anpaßt. Das wird häufig mißverstanden, ist aber natürlich kein Originalton aus der Szene, denn wenn man jeden Satz mit »ey« beginnt und mit »Scheiße« oder »fick dich« beendet, ist das auf die Dauer sehr ermüdend. Es ist eher der Duktus der Sprache, das Reduzierte, der sehr sparsam gebrauchte Jargon – Bruchstücke, die signalisieren, hier kommentiert nicht der beobachtende Autor, sondern hier hat der Schreiber die Distanz zu den Hauptpersonen aufgehoben. Er erzählt sozusagen an ihrer Stelle. Ich habe das nicht gewußt – ich erzähle das auch jetzt nachträglich, weil das so eine Geschichte war, die sich beim Schreiben verselbständigt hat. Das ist eine Form, die durchaus umstritten ist. Die Geschichte wurde im Jahr 1999 für den Kisch-Preis nominiert. Ich habe zwar schließlich den zweiten Preis bekommen, aber es gab eine erhebliche Opposition, und zwar eine radikale Opposition. Das ging so weit, daß der Streit über diese Geschichte in die Medien ging. Und es gab drei Preisrichter, die gesagt haben, das ist kein Journalismus mehr, das verletzt alle Regeln des Journalismus; das ist unerhört, wenn man für so eine Geschichte auch noch einen Preis kriegt.

Weniger umstritten ist komischerweise die Möglichkeit, die Hauptpersonen in der Ichform reden zu lassen. Ich habe das ja bei der Christiane F. gemacht. Aber daß das akzeptiert wird, beruht wahrscheinlich auf einem Mißverständnis, weil viele die Vorstellung haben, da sitzt man so einem

Mädchen gegenüber und stellt das Tonbandgerät an, und dann hat man nur noch die Tonbandprotokolle zu redigieren – und das ist legitim. Aber natürlich – oder nicht natürlich – ist so ein Projekt wie Christiane F. auch Reportage gewesen, hat umfangreiche Recherchen erfordert, an vielen Plätzen, mit allen Freunden der Christiane. Man kann ja gar nicht kommunizieren, wenn man nicht weiß, wovon das Gegenüber, in diesem Fall die Christiane, redet. Also schon von daher braucht es viel, viel Arbeit.

Und dann habe ich noch eine vierte Möglichkeit versucht, einigermaßen erfolgreich komischerweise, die alle deutschen Tabus des Journalismus gebrochen hat. Ich habe einen Toten in der Ichform erzählen lassen. Die Geschichte hieß »Andy«, war auch eine Reportage im *stern*, wurde dann ein Buch. Peter Zadek hat ein Theaterstück daraus gemacht. Hier habe ich also einfach die klare Trennung zwischen Reportage und Fiktion aufgehoben. Aber auch hier stand ungefähr ein Jahr Recherche dahinter. Es handelte sich um einen aggressiven Jungen von 16 Jahren, der verschiedentlich polizeiauffällig geworden war, sinnlos Schlägereien anstiftete und so weiter – und dieser Junge wurde von einem braven Bürger, der offenbar auch unglaublich aggressiv war, wegen einer Nichtigkeit erschossen. Der Junge hatte den Rückspiegel des Wagens dieses Bürgers verdreht. Der Mann war schon vorher so geladen, daß er nur auf die Gelegenheit wartete, einmal abzudrücken, und so hat er diesen Jungen erschossen.

So weit die Geschichte, ich machte das zusammen mit meinem Kollegen Heiko Gebhardt. Er ließ den Schützen, mit dem ich nicht zurechtgekommen wäre, ich ließ den toten Andy reden, nachdem ich sein Leben so gut wie möglich rekonstruiert hatte, auf der Grundlage von Gesprächen mit seinem besten Freund, der ihm sehr ähnlich war und mit dem ich sehr viel zusammen gewesen war. Er ist also in diese Figur des Andy eingeflossen, und es sind auch sicher Erfahrungen von mir eingeflossen. Dort wo es faktisch war, war alles recherchiert, aber wie gesagt, erzählt aus der Sicht eines Toten. Ich weiß nicht, ob das legitim ist, aber ich machte es.

Solche Reportagen entstanden meistens durch Zufall. Die Geschichte mit den Punkern kam dadurch zustande, daß ich mit dem ehemaligen Geheimdienstchef der DDR, Markus Wolf, an seinem Buch arbeitete. Das war irgendwann tierisch nervend. Der wohnte nicht weit vom Alexanderplatz, und auf dem Alexanderplatz versammelten sich allmittäglich die Punks. Ich stieß irgendwann zu den Punks; das war für mich zunächst Erholung von Markus Wolf. Und dann kannte ich auch noch einen Fotografen, der eine gute Beziehung zu den Punks hat, und da gab es eine dramatische Liebesgeschichte, die habe ich schließlich über eineinhalb Jahre verfolgt – und das ist in drei Folgen im *stern* erschienen; eine Folge nach einem halben Jahr und noch einmal eine Folge nach einem Jahr.

(Inzwischen ist ein Buch daraus entstanden und ein Kinofilm mit dem Titel »Engel und Joe«.)

Hätte ich dieses Projekt der Redaktion vorher angekündigt, vielleicht auch noch Spesen und viel Zeit für die Recherche gefordert, es wäre nie verwirklicht worden. Allein die Erwähnung des Begriffs Punk hätte für die Ablehnung des Vorschlags gereicht – weil er ein Randgruppenthema signalisierte. Vor allem aber wäre der Zeitaufwand, und das heißt die voraussichtlichen Kosten, für die Recherchen als indiskutabel hoch veranschlagt worden.

Der Kostenfaktor ist denn wohl auch einer der Gründe dafür, daß immer weniger Berichte veröffentlicht werden, die langwierigen Arbeitsaufwand erfordern. Und das betrifft vor allem die Reportage, weil einem Außenstehenden kaum zu vermitteln ist, wieviel Vorarbeit gerade diese Form oft erfordert. Denn die gelungene Reportage vermittelt ja den Eindruck, daß Informationen und Impressionen dem Autor gleichsam im Vorbeigehen zugeflogen sind.

Ein weiteres Problem für den engagierten Reporter sind häufig Chefredakteure und Ressortchefs, die über seine Arbeit bestimmen können. Und das ist nicht mehr der gleiche Journalistentypus, der noch vor 20 Jahren in Chefpositionen aufrückte. Schon jener klassischer Verleger, der aus der journalistischen Branche kam und mit professioneller Leidenschaft Zeitungen oder Magazine herausgab, ist sehr selten geworden. Die Verleger in den Konzernen sind heute Vorstandsvorsitzende – Juristen und Kaufleute. Ihre Aufgabe ist es, maximale Gewinne zu erwirtschaften.

Zu Chefredakteuren machen sie gern ihresgleichen. Das heißt, Lehrjahre als Vorstandsassistent sind eine bessere Voraussetzung, die Führung eines Blattes zu übernehmen als herausragende journalistische Leistungen. Der typische

Chefredakteur von heute hat hervorragende Managementqualitäten, läßt sich von Kosteneffizienz leiten, hat aber eher wenig Bezug zu journalistischer Arbeit. Besonders neugierig jedenfalls ist er nicht. Er hat Karriere am Schreibtisch gemacht, sein Erfahrungshorizont ist nicht sehr weit, sein Wissen über reales Leben jenseits der schalldichten Scheiben seines Büros gering. Journalistische Arbeit sieht er vor allem unter dem Marketingaspekt. Gefragt ist preiswerte journalistische Ware, die sich gut verkauft. Für einen engagierten Reporter sind das natürlich keine idealen Bedingungen.

Um noch einmal auf den berühmten Henri Nannen zurückzukommen. Henri Nannen sagte immer: Ich mache eine Zeitschrift für Lieschen Müller, und Lieschen Müller bin ich. Wenn ihn eine Geschichte interessiert hat, wenn er ein Bild aufregend fand, ist er davon ausgegangen, das interessiert den Leser auch. So sollte der Reporter auch vorgehen, sich nicht fragen: »Wer will das eigentlich lesen?« Ich sage mir: »Wenn dich das interessiert, dann interessiert das doch wahrscheinlich ganz viele andere – auch, wenn es die Redakteure nicht für marktgerecht halten.« Die Chefredakteure heute fragen sich selbst gar nicht mehr: »Finde ich das interessant?« Sie fragen sofort: »Interessiert das den Leser, warum interessiert es den Leser?« Das können sie aber nicht beantworten. Deshalb gibt es Testleser, die jede Woche abgefragt werden und die dann ankreuzen, was sie gelesen haben, und wenn man sich dieses Material einmal anschaut, dann erkennt man, daß vielleicht die meisten den Kasten mit den Telefonpreisen lesen. Die Folge ist, daß der Chef sagt: »Wir brauchen viel mehr solche Kästen mit Serviceleistungen.«

Nun ist im selben Heft auch eine Reportage, die weit weniger gelesen wird. Vielleicht weil sie wirklich langweilig ist. Die Konsequenz ist natürlich: »Reportagen wollen die Leute nicht, wir machen noch mehr Kästchen.« In diesem Umfeld hat es der Reportageschreiber wirklich nicht einfach. Er hat es eigentlich nie einfach gehabt. Gerade wenn die Reportage ein bißchen außergewöhnlich ist, wird es problematisch. Ich hatte lange Schwierigkeiten, für »Wir Kinder vom Bahnhof Zoo« – wovon mittlerweile zwei Millionen Bücher verkauft worden sind, allein in Deutschland – überhaupt einen Verlag zu finden und den *stern* dazu zu bringen, die Serie abzudrucken. Das heißt, die zuständigen Ressortchefs hatten es schon abgelehnt, die Geschichte zu bringen, weil es auch damals schon Rubrizierungen gab. Das war ein Randgruppenthema, und was interessieren den *stern*-Leser Randgruppenthemen? Aber damals gab es eben noch – wenn auch schon langsam auf dem Rückzug – den berühmten Henri Nannen, der den Text irgendwie in die Finger kriegte. Und ich weiß noch wie heute, daß ich ihn morgens im Redaktionseingang traf und er zu mir sagte: »Ich habe das die ganze Nacht gelesen, und wir machen das sofort nächste Woche zum Titel.«

Im Zeitalter des »Fakten-Fakten-Journalismus« ist es natürlich noch schwieriger geworden, mit ungewöhnlichen Reportagen in den Redaktionen durchzudringen. Vielleicht ein Beispiel, das mich selbst erstaunt hat. Ich habe eine Geschichte gemacht, eine typische *stern*-Geschichte eigentlich: Ein Flugzeug, vier Leute steigen ein, der Pilot wird erschossen, das Flugzeug stürzt ab, und die Polizei weiß nicht, wer der Schütze war. Ich recherchierte die Geschichten dieser vier Leute nach, die aus einer Jugendclique stammten und mittlerweile in die Vierziger gekommen waren – alle in einer Lebenskrise. Es stellte sich heraus: Jeder in diesem Flugzeug hatte ein Motiv, zu schießen oder sich selbst umzubringen. Das fand ich eine unglaublich spannende Geschichte. Ich erhielt den Text vom *stern* noch am selben Tag zurück, was selten passiert: »Undruckbar.« Ich sagte: »Ja, wieso denn das?« »Ja, da steht nicht mehr drin als in den Tageszeitungen, die wissen auch nicht, wer der Mörder ist.« Und dann sagte ich zum Chefredakteur: »Wissen Sie, wenn ich wüßte, wer der Mörder ist, wäre das auch keine wirklich interessante Geschichte mehr.« Und der sah mich nur fassungslos an. Die Geschichte ist dann doch, wenn auch gekürzt, im Magazin der *Süddeutschen Zeitung* erschienen. Es hat einen Fernsehfilm gegeben nach dieser Geschichte. Es war eigentlich eine erfolgreiche Geschichte, die Leute wollten sie, bloß fällt es manchmal den Redakteuren heute schwer zu wissen, was die Geschichten sind, die Lieschen Müller haben will.

Das alles hört sich jetzt ein bißchen an, als wollte ich Ihnen vom Reportageschreiben abraten. Ich möchte eigentlich genau das Gegenteil tun. Ich möchte Sie, soweit Sie Journalisten werden wollen, zum Job des Reporters ermutigen. Die Reportage stand am Anfang des Journalismus, sie wird auch bis zum Ende des Journalismus ihren festen Platz haben. Es ist mit Sicherheit die spannendste Form, die man als Journalist machen kann. Die nächste Geschichte liegt immer irgendwo um die Ecke. Es gibt also wahnsinnig viel, was aufgeschrieben werden könnte, was aufgeschrieben werden sollte. Es gibt, ich habe das schon erwähnt, eigentlich keinen Menschen, kein Schicksal, das nicht eine Geschichte wert wäre. Man sollte sich dabei eben nicht vom Urteil der Redakteure, die weniger neugierig geworden sind, beeinflussen lassen.

Ich denke, man kann Reportagen auch ohne Auftrag schreiben – ich habe das auch einige Male gemacht, ohne Vorfinanzierung –, wenn man davon überzeugt ist, daß es eine gute Geschichte ist. Reportagen schreiben können viel mehr Journalisten als die, die es tun. Man braucht nur ein bißchen Selbstvertrauen. Wenn man da nicht immer den väterlichen Redakteur im Rücken haben will, der einem während der Arbeit noch auf die Schulter klopft. Ich glaube, daß gute Reportagen immer ihre Leser finden werden. Auch wenn sie zur Zeit einfach unterrepräsentiert sind in den Printmedien. Und ich meine obendrein, daß man die Interpretation der Wirklichkeit nicht den mittelmäßigen Schriftstellern überlassen sollte. Ich glaube, viele Journalisten können das besser. Das Ding ist, sie trauen sich nicht. Und das hat auch, nun bin ich wieder am Anfang, mit dem miesen Status des Journalisten zu tun.

Kai Hermann
**Hexe und Zottel
Eine Liebe in Berlin**

Die beiden sind ineinander verkrallt. Sie starren sich in die Augen. Das Mädchen reißt sich los, schlägt dem Jungen ins Gesicht. Punks umringen die beiden, versuchen, dazwischenzugehen. Sie rufen das Mädchen Hexe, den Jungen Zottel. Junkies, Stricher kommen und dann auch zwei Polizisten. Der Junge brüllt: »Haut ab, das ist eine private Sache.« Es ist das katastrophale Ende der Liebe zwischen Hexe und Zottel. An einem nassen, kalten Wintertag in Berlin.

Die Geschichte beginnt an den ersten richtig warmen Tagen des Frühsommers 1996. Hexe ist damals weg von zu Hause. Sie hängt auf dem Alexanderplatz rum wie die meisten Kids, die in Berlin abhauen. Es ist nicht leicht, am Alex akzeptiert zu werden, wenn man da neu ist. Auf dem Platz hat jede Gruppe ihr Revier. Die Afrikaner, die Türken, die Südamerikaner, die Russen, die Punks, die Skater und die Penner. Hexe drückt sich bei den Türken rum. Die türkischen Jungen sind sofort freundlich. Aber sie respektieren Mädchen nicht, die allein abhängen. Hexe will zu den Punks im Nachbarrevier. Sie traut sich nicht. Sie ist vorher mit einem Nazi gegangen. Sie beobachtet den Typ mit dem verfransten Irokesenschnitt. Der läßt die Arme so komisch baumeln und grinst verlegen, wenn er mit Mädchen redet. Er sieht manchmal rüber zu Hexe.

Plötzlich kommt er auf sie zu und fragt

schüchtern: »Hast du vielleicht 'ne Kippe?« Hexe gibt ihm eine R 6. Sie wird nie vergessen, daß es eine R 6 war. Der Junge ist Zottel. Er bringt sie zu den Punks und nimmt sie abends mit in eine Baracke. Er hat da ein richtiges Bett, hellblau gestrichen. Hexe weiß nicht, was sie tun soll, wenn er fragt, ob sie mit in dieses Bett kommt. Zottel schiebt mit dem Fuß ein paar Styroporplatten auf dem Boden zurecht, als Schlafplatz für Hexe. Sie wartet auf einen Kuß. Weil es üblich ist bei den Punks auf dem Alex: Wenn man kommt oder geht oder gerade nur gierig ist auf ein bißchen Zärtlichkeit. Aber Zottel steigt über sie rüber in sein Bett und schläft ein.

Hexe ist 15. Sie wird Hexe genannt, solange sie denken kann. Wahrscheinlich, weil sie selten tat, was andere wollten. Weil sie damit den Leuten auf den Keks gegangen ist.

Zottel ist 17. Er heißt wohl so, weil er sich nie die Haare ordentlich gekämmt hat – oder auch, weil einfach sein ganzes Wesen verzottelt ist. Die Spitznamen bekommt man nicht auf dem Alex. Man bringt sie mit. Chaos, Spasti, Monster, Nirvana, Asi, das sind so die Namen, die man meist schon als Kind angehängt bekommen hat, weil man für die anderen irgendwie daneben war. So ein Spitzname sagt, daß man nicht dazugehört. Außer auf dem Alex. Die sich da zwischen Kaufhof und Burger King treffen, haben ein paar mehr Probleme mit dem Erwachsenwerden als andere. Sie rasieren sich den Schädel, schmieren sich grelle Farben ins Resthaar, tragen Ketten um den Bauch und Ringe in Unterlippe und Augenbraue. Oder auch nicht. Es ist eigentlich egal, wie jemand aussieht. Entscheidend ist, wie er drauf ist. Einige schlafen zu Hause und gehen aufs Gymnasium, andere besetzen Wohnungen oder leben auf der Straße und haben die Hauptschule geschmissen. Natürlich macht das Unterschiede. Aber das Punkfeeling hält die Leute zusammen: nicht so sein, wie sie dich hinbiegen wollen, die Eltern und alle, die über dich bestimmen. Diese ganze stinknormale Gesellschaft hassen, vor allem ihre krassesten Ausgeburten, die Bullen und die Nazis.

Zottel läßt ein paar Meter Abstand zwischen sich und Hexe, als sie am nächsten Tag auf den Platz kommen. Als wolle er allen sagen: »Übrigens, das ist nicht meine neue Frau.« Er küßt die anderen Mädchen. Hexe will weglaufen. Zu den Türken oder sonstwohin. Zottel weiß, daß er sich unheimlich verliebt hat. Es fing schon an, als er beobachtet hat, wie unnahbar sich die Kleine zwischen den türkischen Jungen bewegte. Als sie ihm die R 6 gab und er ihren Finger berührte, hat es geknallt. Er wird auch nie vergessen, daß es eine R 6 war. Aber will so eine Frau einen wie ihn? Vor allem, wenn sie erfährt, wie er drauf ist? Zottel kriegt erst mal Angst, wenn er jemanden wirklich mag. Es ist eigentlich ein guter Sommertag. Aber die Stimmung bleibt mies bei den Punks.

Deutschland gewinnt wieder ein Spiel der Europameisterschaft. Das hört man. An dem Gegröle aus dem Techniksupermarkt, wo auf allen Mattscheiben das Spiel läuft. Bald werden wieder die Glatzen aus ihren Löchern in Friedrichshain und Marzahn auf den Alex kommen. Sonst trauen sie sich hier nicht her. Sie werden sich mit den normalen Bierbäuchen verbrüdern und »Deutschland, Deutschland« brüllen. Die Bullen sind dann auch high. Und alle machen Jagd auf Punks. Nach dem letzten Sieg hat die Polizei ein paar Jungen weggefangen und mitten im Friedrichshainer Faschoviertel wieder ausgesetzt. Die mußten um ihr Leben rennen. Die Bundesrepublik ist nach dem Sieg im Endspiel.

Die Punks meinen, daß du es nicht aushältst in Berlin, wenn Deutschland Europameister wird. Sie beschließen, nach Hannover zu fahren. Frust abbauen, Chaos machen, wenn die schwarzrotgoldene Pest ausbricht. Zottel fragt Hexe mit diesem verlegenen Grinsen, ob sie mitwill. Sie sitzen im Zug nebeneinander. Hexe hört ihr Herz rasen und hofft, daß er es nicht merkt. Sie stellt sich schlafend und läßt den Kopf auf seine Schulter rutschen. Ihre Hand berührt sein Knie. Zottel bewegt sich nicht. Er grübelt, ob er ihr einen Kuß gibt. Er sagt sich, daß sie ihm wahrscheinlich eine klatscht. Sie ist keine, die gleich losknutscht, nur um einen Mann zu haben, denkt er. In Hannover lassen sie sich vollaufen und kiffen noch einen oben drauf. So ein Tag wie heute, der soll nicht nur für die Nazis und die Normalen wunderschön werden. Eine Babypunkerin, kaum 13, macht sich an Zottel ran. Mit dem blödesten Spruch: »Ich finde dich süß.« Hexe steht daneben, als die Tussi dann auch noch fragt, ob Zottel mit ihr gehen will. Der ist ziemlich breit und meint: »Ist mir egal.« Hexe kann es erst nicht glauben. Die Kleine krallt sich an seinem Arm fest. Hexe rennt auf die andere Straßenseite.

Die Bundesrepublik hat gewonnen; in den

Häusern bricht die Paranoia aus. Fenster werden aufgerissen. Familienväter brüllen: »Deutschland, Deutschland.« Die Punks antworten: »Deutschland verrecke.« Bierflaschen knallen von oben auf die Straße. Hexe steht vor einer Parkbank. Sie will sich hinsetzen, heulen. Sie hört kaum, was abgeht. Sie tritt gegen die klapprige Bank, immer wieder, bis das ganze Teil über das Pflaster scheppert. Sie merkt nicht, daß Zottel neben ihr ist. Bis er sagt: »Was ist los, Süße?« Sie schreit: »Hau ab, verpiß dich.« Zottel geht zurück über die Straße, schüttelt die Babypunkerin ab und fragt, was denn mit Hexe los ist. Ein Mädchen meint: »Bist du blöde? Vielleicht nimmst du sie mal in den Arm.«

Auf der Straße wird es lauter. Autokolonnen Hupkonzert, schwarzrotgoldene Fahnen und: »Deutschland, Deutschland.« Die Punks grölen noch immer zurück: »Deutschland verrecke.« Einige Zeit stehen sich die Fronten gegenüber. Dann fangen die Punks doch an zu rennen. Denn die anderen sind genauso betrunken und aggressiv und werden immer mehr. Zottel rennt nicht. Er schlakst durch die Menge der Deutschlandfans und sucht Hexe. Er entdeckt sie vor dem Sexshop. Sie heult Rotz und Wasser in ihr Palästinensertuch. Zottel legt den Arm um sie und gibt ihr einen Kuß. Sie klammern sich aneinander und latschen durch den ganzen Wahnsinn, der sie nichts mehr angeht. Hexe fragt Zottel: »Willst du mit mir gehen?« Zottel grinst: »Mann, laß mich erst mal ein Bier trinken.« Er setzt die Dose an, leert sie, ohne abzusetzen. Er zieht Hexe zu sich und sagt: »Okay, Schatz.«

Es ist eine Liebe, in der man nicht gleich an

Sex denkt. Aber die beiden verbringen die Nacht zusammen in einem U-Bahn-Eingang. Hexes Mutter schläft nicht viel in dieser Zeit. Sie kann nicht aufhören, darüber nachzudenken, was sie falsch gemacht hat mit der Tochter. Die war schon als Kind sehr schwierig. Jetzt kommt sie immer schlechter mit dem Stiefvater aus. Der Mann hat, zugegeben, altmodische Erziehungsmethoden. Er ist Wachmann bei der Justiz, und ihm geht Ordnung über alles. Wenn Hexe die Zähne nicht putzte, mußte sie hundertmal schreiben: »Ich soll mir die Zähne putzen.« Manchmal ist ihm auch die Hand ausgerutscht. Weil ihn der ewige Widerspruch und Hexes Unordnung entnervt haben. Aber er hat es gut gemeint. Und sie konnte doch mit allem zur Mutter kommen. Warum läuft sie jetzt weg?

Hexe muß mit einem Jungen ein paar Wochen zusammensein, bevor sie mit ihm schläft, sagt sie zu Zottel. Er respektiert das. Sie ist eben eine besondere Frau. Sie möchte sich den Kopf kahlscheren, bis auf einen Schopf vorn. Zottel erlaubt es nicht. Er will ihre langen Haare, so wie sie sind. Am zweiten Tag rauchen sie einen Joint und schlafen miteinander. Hexe hat gleich das Gefühl, daß sie vielleicht schwanger ist. Sie will das Kind. Zottel auch. Sie beschließen, daß Hexe wieder zu Hause wohnt und den Schulabschluß macht. Zottel will sich um einen Heimplatz bemühen. Wenn er 18 ist, kriegen sie vielleicht eine Wohnung. Arbeiten muß er auch, meint Hexe. Spätestens, wenn das Kind da ist. Zottel bringt sie nach Hause. Er findet einen Schlafplatz auf dem Friedhof gegenüber. Er wird morgens gegen die Scheibe ihres Zimmers klopfen und sie zur Schule begleiten. Hexe erzählt der Mutter fast alles. Die versucht wie immer, vernünftig zu reagieren. Kein Stubenarrest, keine Strafarbeiten. Wenn Hexe verspricht, an Schultagen abends um neun zu Hause zu sein, läßt sich über alles reden. Nachmittags darf Hexe auf den Alex. Abends bringt Zottel sie nach Hause und schläft auf dem Friedhof. Er wird lange vor Schulbeginn geweckt, weil die Gräber am Flughafen Tempelhof liegen. Die Maschinen fliegen so niedrig, daß Zottel den Piloten in die Augen sehen kann. Hexe wacht gutgelaunt auf wie noch nie, seit ihr Wecker das Klopfzeichen am Fenster ist.

Die Verlobung von Hexe und Zottel auf dem Alex wird zur großen Party. Eigentlich wollte Zottel gar nicht. Er hat sich schon mal verlobt, als er ziemlich verknallt war. Aber für die Frau war das eher ein Spaß. Am nächsten Tag ist sie mit einem anderen losgezogen. Zottel hat unheimliche Angst, Hexe zu verlieren. Ringe haben sie auch nicht. Das Geld, das Zottel am Ku'damm geschnorrt hat, ist für die Getränke draufgegangen. Aber er wird noch Ringe kaufen. Er schwört, nie fremdzugehen. Das ist Hexe wichtig. Sie hat ihn in seiner Baracke mal mit einer Frau erwischt. Angeblich hat er sich um die nur gekümmert, weil sie total fertig war. Warum die Tussi oben nichts anhatte, konnte er nicht so richtig erklären. Es ist vergessen am Verlobungstag. Zottel verspricht Hexe eine Liebesnacht, an die sie immer denken wird. Sie fährt am Abend allein nach Haus. Er ist zu betrunken.

Liebesgeschichten sind normal am Alex. Es

muß nicht gleich die ultimative Love-Story sein, aber einen Kuß, Berührung, Zärtlichkeit kriegt jeder. Oder auch Sex. Irgendein Pärchen knutscht immer. Die Spießer regt das mehr auf als der grellste Irokesenkamm. Es geht oft schnell mit der Liebe. Dafür sorgen die Punktouris, die auf dem Alex Station machen. Die Mädchen greifen sich einen süßen Typen und wissen, nach ein, zwei Wochen ist er wieder weg. Nur wirklich verknallen darf man sich dabei nicht. Für die Jungen gibt es vor allem im Sommer reichlich Interrailteenies, die mit buntgescheckten Haar auf der Suche nach dem schönsten Ferienerlebnis sind. Am besten mit einem richtig derben Straßenpunk in einem Abbruchhaus.

Für die Treue haben die meisten Punks Hunde. »Weil du die streicheln kannst bis zum Abwinken und weil sie dich nie bescheißen«, sagt Motze. Klar, eigentlich suche jeder nach dem einen Partner, mit dem es ganz anders ist als zum Beispiel bei deinen Eltern. »Einen Menschen, der dich immer versteht und dich nie enttäuscht. Vielleicht gibt es das aber nur im Traum.«

Es gibt Traumpaare auf dem Alex, die schon Monate zusammen sind, die einfach zusammengehören. Wie jetzt Hexe und Zottel. Wie Magda und Fink oder Jojo und Kippes. Magda ist ohne Spitznamen und Geld im Frühjahr aus Polen gekommen. In Warschau hat sie Geologie studiert, in Berlin Autoscheiben gewaschen. Auf dem Alex ist sie in Fink gelaufen, der schon einige Jahre auf der Straße ist und dem kaum ein Mädchen widersteht. Sie hat ihm gleich gesagt: »Ich bin keine Frau für eine Nacht.« Er hat gelacht, sie recht behalten. Magda und Fink wollen heiraten. Jojo und Kippes sind auch in Hannover zusammengekommen, während der Chaostage 1995. Bei der Randale passiert immer ziemlich viel in Sachen Liebe. Sie haben aber damals nur miteinander geschlafen, sonst lief nichts Großartiges. Jojo war nicht mal fünfzehn, aber sie hatte ihre wilde Zeit ziemlich früh. Mal hier rumgemacht, mal da. Und zwischendurch immer wieder Kippes. Mit Kippes passierte es dann immer öfter. »Man hat sich richtig aneinander gewöhnt«, sagt Jojo. Aber es hat ein gutes halbes Jahr gedauert, bis sie gemerkt haben, daß nicht nur der Sex gut ist, daß sie sich wirklich lieben. Seitdem sind sie unzertrennlich. Im Sommer kriegt Jojo plötzlich ihre Regel nicht. Sie denkt sich erst nichts. Sie macht sich selten einen Kopf. Als sie endlich zum Arzt geht, meint der, daß sie schon fast im dritten Monat ist. Sie müsse sich schnell entscheiden. Auf dem Alex sagen alle, sie soll das Kind wegmachen. Ihr Vater, bei dem sie wohnt, meint das sowieso. Kippes weiß nicht. Ein Mädchen möchte er aber eigentlich nicht, sagt er. Dann rennt er weg und säuft sich zu. Als Jojo wieder beim Arzt ist, erklärt der gleich, was sie alles tun muß, um ganz schnell die Abtreibung über die Bühne zu kriegen. Jojo hört gar nicht mehr zu. Ihr ist schlecht. Sie hat kaum die Klamotten wieder an, da geht sie raus, ohne etwas zu sagen. Mit einemmal weiß sie hundertprozentig, daß sie das Kind will. Kippes ist total happy. »Es wird ein Junge« sagt er, »ich fühl' das.« Jojo wünscht sich ein Mädchen, aber eigentlich nur, damit Kippes sich ärgert. Als Jojo das erste Ultraschallbild mitbringt, verliebt sich Kippes sofort in sein Kind, obwohl auf dem Foto noch gar nichts zu erkennen ist. Der Arzt meint, es wird ein Junge. Auf dem Alex freuen sich alle mit Jojo und Kippes. Es ist, als bewache die ganze Gruppe eifersüchtig das große Glück. Sex ist wie Saufen, nur besser. Liebe ist etwas anderes. Mit der spielt man nicht. Wer diese Regel bricht, bekommt es gewaltig zu spüren. Wie Smily. Der hat gleich drei Mädchen alles versprochen. So was kommt immer raus am Alex, wie in einem Dorf. Erst sind die betrogenen Mädchen auf ihn losgegangen und dann die Jungen. Smily kann sich erst mal nicht mehr blicken lassen. Daß Magda und Fink heiraten wollen, scheint sich bis zu den Polizisten rumgesprochen zu haben, die am Revier der Punks wachen. Einer der Beamten greift sich Magda und sagt: »Herzlichen Glückwunsch auch, junge Braut. Den Paß bitte.« Er nimmt ihn und gibt ihr einen Wisch, daß das Dokument einbehalten worden ist. Magda protestiert: Sie brauche das Ding für das Aufgebot. Der Polizist lacht. Über Wochen rennt Magda zu Behörden, um den Paß wiederzubekommen.

Spacki und Locke sind auch schon seit Monaten ein Paar. Bis Locke nicht mehr am Alex auftaucht. Er ist am Bahnhof Zoo. Wenn du da rumhängst, kannst du nicht mehr auf den Alex. Das ist eiserne Regel. Denn am Zoo sind die harten Drogen. Der Alex ist für Junkies und Dealer Sperrgebiet. Aber vom Alex zum Zoo sind es eben nur ein paar S-Bahn-Stationen. Und Locke ist nicht der erste, der die Strecke immer öfter heimlich fährt, bis er am Bahnhof bleibt. Einer wie Locke, meint Nuschel, der hat keinen Spaß mehr, dem ist es egal, wenn er sich umbringt. Sonst würde er nicht zum Zoo gehen. Ein paar Tage später steht es in den Zeitungen. Locke hat es beim S-Bahn-Surfen den Kopf weggerissen. Das schockt alle. Keiner weiß die Antwort, warum der sich plötzlich ausgeklinkt hat. Locke hatte eine Braut, die ihn liebte. Und seine Eltern waren in Ordnung. Die kommen sogar auf den Alex und laden die Freunde ihres Sohnes zur Beerdigung ein. Zottel sagt, er kann zu keinem Begräbnis mehr gehen. Seit der Sache mit seiner Oma. Als sie gestorben war, sollte er mit anderen Verwandten den Sarg tragen, weil es so Sitte war in dem Dorf. Er hat gesagt: »Ich kann das nicht.« Seine Oma, die er wirklich geliebt hat, leblos und kalt in einem Holzkasten auf seinen Schultern, das hätte er nie gebracht. Der Vater meinte: Das sei nun das Letzte, daß sein Sohn der Großmutter diesen Dienst nicht erweisen wolle. Die Mutter hat weinend den Kopf geschüttelt. Zottel hat gedacht, daß seine Alten nie checken würden, was in ihm vorgeht. Die Beerdigung war so ungefähr das Härteste, was er bis dahin mitgemacht hatte. Kurz danach ist er weg von zu Hause.

Auch Zottel war gelegentlich am Zoo. Das ist sein Geheimnis. Lange bevor er Hexe traf, hat er zum erstenmal Heroin vom Blech geraucht, vielleicht, weil er damals unheimlich allein war. Wenn er jetzt wieder mal besonders mies drauf ist, fährt er immer noch zum Zoo. Aber er hat Angst, daß Hexe alles erfährt und ihm einen Tritt gibt. Er erzählt es ihr endlich doch. Sie nimmt es ganz locker. Sie ist sich total sicher, daß er nie wieder Heroin braucht. Weil sie jetzt zusammen sind. Weil einer für den anderen da ist, wenn es einem von ihnen schlecht geht.

Dann kommt der Mittag, an dem Zottel vergebens auf Hexe wartet. Er weiß nicht, daß sie wieder einmal Streß mit dem Stiefvater hat. Er malt sich zum tausendstenmal aus, daß Hexe die Schnauze voll hat von einem wie ihm. Daß sie es sogar fertigbringt, zu ihrem Nazi zurückzugehen. Zottel fährt zum Zoo. Abends treffen sie sich doch noch am Alex. Hexe klammert sich an ihn. Sie ist fertig von dem Streit zu Hause. Zottel fühlt sich sterbenselend. Vom Heroinkick ist nur das nervende Jucken auf der Haut geblieben, das Zittern in der Hand und die Trostlosigkeit. Sie gehen in einen Park, frieren auf einer Bank. Hexe versucht, von sich zu erzählen. Zottel hört nicht zu. Er muß über sein Problem reden, sofort. Er hat plötzlich sein Messer in der Hand und brüllt: »Ich bringe mich um, Schatz.« Er läßt es zu, daß Hexe das Messer nimmt. Beide heulen. Sie sitzen weit voneinander. Hexe sagt scheinbar ruhiger: »So ist es also, wenn man dich mal braucht.« Sie steht auf, wirft ihm das Messer vor die Füße, schreit: »Dann mach es doch.« Und geht.

Eigentlich war bis dahin alles gut gelaufen für Zottel. Er wohnt in einem Übergangsheim für obdachlose Jugendliche. Die Betreuer beurteilen ihn positiv. Er soll einen Platz in einer Wohngemeinschaft bekommen. Aber an diesem Abend zweifelt Zottel wieder einmal daran, daß irgend etwas in seinem Leben klappen kann. Er trifft Susan, die ihr Zimmer auf seinem Flur hat. Er sagt ihr, daß Schluß ist mit Hexe. Obwohl er eigentlich fest daran glaubt, daß seine Liebe zu Hexe unzerstörbar ist, daß sie nur einen tierischen Krach gehabt haben, wie er vorkommt. Aber er muß jetzt mit jemandem reden. Susan hört ihm zu bis in die Nacht. Er geht mit ihr ins Bett. Er flüstert: »Ich liebe dich.« Er sagt »mein Schatz« zu Susan, genauso wie er es zu Hexe gesagt hat. Susan schenkt ihm einen Ring als Zeichen, daß sie jetzt mit ihm zusammen ist. Zottel weiß am nächsten Tag nicht, wer das wirklich war, der mit Susan geschlafen hat. Er grübelt, ob er zu einem Arzt gehen kann, der ihm bescheinigt, daß sich die Persönlichkeit verändert, wenn man von einem Herointrip runterkommt. Er zieht den Ring vom Finger und steckt ihn in seine Brieftasche. Er versucht, den Gedanken loszuwerden, daß er einer ist, der sich immer wieder selber die Beine weghaut.

Zottel hat unheimliche Angst, als er zum Alex geht und Hexe trifft. Sie fallen sich in die Arme. Sie schwören sich ewige Liebe. Zottel will weg von Berlin, wenigstens für ein paar Tage. Er schlägt Hexe vor, zu seinen Eltern nach Schleswig-Holstein zu fahren, weil die doch die Schwiegertochter endlich mal sehen müßten. Hexe ist glücklich. Für Zottel steht die Tür zu Hause immer auf, haben ihm die Eltern gesagt. Sie sind ganz in Ordnung, meint Zottel, auch wenn er es bei ihnen nicht mehr ausgehalten hat. Die normalen Jugendlichen, meint er, die fressen den ganzen Frust in sich rein, bis sie so sind wie die Alten. Die anderen rasten irgendwann aus und werden Punks. Zottel wäre manchmal gern ein bißchen normaler, wünscht sich, daß er mehr aushalten könnte, ohne immer gleich durchzuknallen. Dann hätte er auch die Mechanikerlehre weitergemacht. Und nicht zwei Verfahren wegen Körperverletzung am Hals. Er muß sich eben immer irgendwie wehren. »Notwehr ist das«, sagt er. Hexe geht es nicht anders. Und weil alle Punks am Alex ähnlich drauf sind, gibt es da nicht nur Liebe, sondern auch Gewalt, auch untereinander. Weil jeder ziemlich empfindlich reagiert, ist auch die Liebe schwierig. Hexe und Zottel fahren am Wochenende erst mal nach Bielefeld. Zottel kennt da eine Frau, die Ratten züchtet. Sie wollen schon lange ein Tier, das ihnen gemeinsam gehört. Hexe hätte am liebsten ein Pferd. Zottel sagt, er klaut ihr eins. Sie steigern sich richtig rein in die Idee. Man könnte den Gaul in den Tiergarten oder einen anderen Park bringen, spinnt Zottel. »Da kommt doch niemand drauf, daß der geklaut ist. Die dreistesten Dinger laufen immer am besten.«

Hexe und Zottel lassen sich selten los auf der Zugfahrt. Vor Bielefeld kramt Zottel in seiner Brieftasche, um die Adresse von der Frau mit den Ratten zu finden. Hexe entdeckt den Ring von Susan, der noch immer in der Brieftasche ist. Sie starrt auf diesen Ring, daß es Zottel kotzübel wird. Er sagt in Panik: »Das ist dein Verlobungsring, Schatz. Ich wollte ihn dir eigentlich erst bei mir zu Hause geben. Als Überraschung.« Das ist auch ein Problem von Zottel: daß er unheimlich blöde lügt. Hexe sagt erst gar nichts und dann: »Ist ja toll, ein einziger Verlobungsring.« Zottel antwortet: »Ich kaufe den gleichen für mich, wenn ich Geld habe.« Hexe will ihm glauben. Sie sagt sich, es darf nicht wahr sein, daß er lügt. Sie schiebt den Ring auf den Finger.

Die Frau mit den Ratten ist nicht da. Hexe meint, Zottel soll jetzt wenigstens seine Eltern anrufen, bevor sie wieder den ganzen Tag in einem Bummelzug hocken. Zottel erreicht nur einen Onkel, der ihm sagt, daß die Eltern in Dänemark sind. Zottel ist deprimiert, Hexe will nicht sauer sein. Sie fahren zurück nach Berlin. Sie kommen am Bahnhof Zoo die Treppe runter. Da steht Susan in der Halle. Susan sieht an Zottel vorbei, geht auf Hexe zu, küßt sie und flüstert: »Ich muß irgendwann mal mit dir reden.« Hexe ahnt Schlimmes. Sie will sofort wissen, was los ist. Susan sieht den Ring an Hexes Finger. Die Mädchen setzen sich auf die Treppe zum Fernbahnsteig. Zottel dreht sich eine Zigarette und murmelt immer nur das eine Wort: »Scheiße.« Hexe rennt die Treppe runter auf ihn zu. Er brüllt, bevor sie etwas sagt: »Das stimmt nicht. Es war nichts, Schatz.« Sie schreit: »Ach, ficken ist nichts? War wohl nicht geil genug mit mir.« Sie läuft wieder zu Susan, kommt zurück. Zottel hält sie fest. Sie bohrt die Fingernägel in seine Arme. Dann kommt die sekundenlange Stille zwischen den beiden, in der sie sich verzweifelt in die Augen starren. Bis Hexe sich losreißt und ihn schlägt. Sie schreit: »Und von dir Schwein habe ich ein Kind im Bauch.« Sie schlägt wieder, tritt. Zottel weicht müde aus, Susan weint. Sie sagt noch leise, bevor auch sie Zottel schlägt: »Was hast du Lügner mir alles erzählt? Warum?«

Zottel, der sonst ausrasten kann, wenn ihn jemand schief ansieht, wehrt sich nicht. Erst als die Mädchen sich weinend in den Armen liegen, geht er ganz langsam. Die langen Arme baumeln hilflos. Er weiß später nicht mehr, wie er in das Heim gekommen ist. Da sucht er wie von Sinnen irgendwelche Tabletten und schluckt alles, was er finden kann. Als Zottel wieder aufwacht, sieht er zuerst die Riemen am Bett. Er dreht sofort durch. Weißkittel drohen, ihn mit den Riemen am Bett zu fixieren. Es gelingt Zottel, so zu tun, als sei er vernünftig. Auf der Station grinsen ihn Gesichter an, die er vom Alex und vom Zoo kennt. Ausgeflippte Stricherinnen, Junkies, die ihn begrüßen, als hätten sie ihn längst erwartet. Zottel denkt, daß er nie mehr rauskommt aus dieser Irrenanstalt. Sie lassen ihn nach ein paar Tagen gehen. Der Betreuer im Heim sagt, er kann die Geschichte mit Hexe voll verstehen. So was mache doch jeder mal durch. Ein bißchen extrem sei Zottels Reaktion vielleicht gewesen. Aber wenn er sich ein bißchen am Riemen reißt, meint der Betreuer, klappt das mit dem WG-Platz und bestimmt auch mit einer Lehrstelle. Zottel reißt sich nicht am Riemen. Er fliegt nach drei Tagen aus dem Heim. Er hängt am Zoo rum. Hexe ist kurze Zeit wieder mit einem Skin zusammen. Dann kommt sie zum Zoo zurück. Auf dem Alex lassen sich beide nicht mehr sehen. Sie versuchen es noch mal, als es ihnen richtig dreckig geht. Sie schaffen es nicht mehr, von der Zukunft zu träumen.

Magda hat endlich ihren Paß wiederbekommen und Fink geheiratet. Es war gar nicht so daneben auf dem Standesamt, wie sie erst gedacht haben, sondern richtig feierlich. Die Standesbeamtin hat erst mal geguckt, als sie die Hochzeitsgesellschaft gesehen hat. Dann hat sie aber voll souverän so getan, als seien sie ein ganz normales

Paar. Magda und Fink haben eine Wohnung und einen Hund. Es läuft eigentlich ganz gut.

Jojo ist jetzt im neunten Monat. Kippes zeigt die Ultraschallfotos rum, auf denen der Junge schon zu erkennen ist. Kippes scheint sich zu wundern, daß nicht alle sagen: »Ganz der Vater.« Er will bei der Geburt dabeisein. Jojo meint, daß er sowieso nichts mitkriegt, weil er garantiert umkippt oder rausrennt. Sie haben noch kein Sofa in der neuen Wohnung, aber ein Bettchen und Plüschtiere und Rasseln. Jojos Vater hat was dazugegeben und das Sozialamt. Jojo fühlt sich sauwohl zu Hause. Kippes muß öfter einfach raus. Wenn die beiden Krach haben, wird es schon mal heftig. Da haut Kippes die Wohnungstür zu, daß Jojo denkt, das war es dann wohl. Er kommt nach ein paar Stunden wieder, mit Einkaufstüten, geht wortlos in die Küche und kocht das leckerste Essen der Welt.

stern 1997

Kai Hermann
Eine unmögliche Liebe

Die andere Hexe hat wohl mal was mit Zottel gehabt, und sie erzählt es jedem, der es gar nicht hören will. Der Klatsch und die Intrigen auf der Szene sind bösartiger als im normalen Leben und gefährlicher. Die andere Hexe geht den Leuten, vor allem den Frauen, auf die Nerven. Es heißt, sie legt es darauf an, sich mit Typen zu beißen, die eine feste Beziehung haben. Zottel hat gehört, daß sie Leute aufhetzt, seine Hexe zu verprügeln.

Am nächsten Tag beschließen sie, doch noch mal am Zoo vorbeizusehen. Da erzählt jemand, die andere Hexe habe ihre Ratte kastriert, weil sie keine kleinen Ratten will. Sie soll es mit dem Messer gemacht haben, ohne Betäubung. Wer so was tut, meinen alle, der ist eigentlich kein Mensch mehr. Die Ratte ist das heilige Tier der Punks, und die Moral der Szene ist unerbittlich. Vor allem, wenn jemandem vorgeworfen wird, Tiere zu quälen. Angeklagte haben kaum Gelegenheit, sich zu rechtfertigen. Ein Gerücht ist schon das Urteil. Bewährung gibt es nicht.

Als die andere Hexe kommt, stellt sie sich frech vor Zottel. So, als habe sie keine Ahnung von dem, was alle über sie sagen. Zottel schlägt nie Frauen, sagt er immer. Aber der knallt er jetzt eine. Dann stürzt sich Hexe auf die Rivalin. Sie haßt in dem Moment niemanden auf der Welt mehr als diese Frau. Drei andere Mädchen kommen angerannt, schlagen und treten mit. Die andere Hexe liegt längst am Boden. Niemand geht dazwischen, auch Zottel nicht. Ihm geht erst viel später auf, daß er es hätte tun sollen, weil Frauen unglaublich brutal sein können. Die Mädchen hören nicht auf zu treten, bis die Schlümpfe, die privaten Wachmänner, kommen. Die andere Hexe hat einen Schädelbruch, liegt Tage im Koma und muß Wochen im Krankenhaus bleiben. Hexe wird sofort festgenommen. Zottel flieht nach Hamburg. Weil er zur Fahndung ausgeschrieben ist, kriegen sie ihn schnell. Niemand nimmt ihm ab, daß er dem Opfer nur eine Ohrfeige gegeben hat. Unter seinem Namen sind zu viele Körperverletzungen aktenkundig. Daß er nur ein bißchen labil ist und unbeherrscht, aber eigentlich eine gute Perspektive hat, steht irgendwo in den Akten. Der Haftrichter will es nicht mehr glauben. Zottel redet von seinem Kind, für das er sorgen muß. Aber damit macht er auch nicht viel Eindruck.

Hexe ergeht es besser. Als sie sagt, daß sie schwanger ist, wird sie gleich aus der Haft entlassen und mit einer Betreuerin auf Erlebnisurlaub nach Ägypten geschickt. Wenn du minderjährig bist, schwanger und obdachlos, nicht abtreiben willst, Drogen nimmst und noch eine richtige Straftat begehst, kümmert sich der Staat wirklich um dich und gibt auch eine Menge Geld aus. Wahrscheinlich, weil es den Steuerzahler sonst am Ende noch teurer käme. In Ägypten soll Hexe vor allem Zottel vergessen. Aber was haben die Pyramiden mit Zottel zu tun? Daß er einen schlechten Einfluß auf sie hat, soll Hexe erkennen. Klar, es ist eine ganze Menge Scheiße mit ihm zusammen gelaufen. Aber ohne ihn auch. Wenn sie nicht von den Drogen, der Straße, also von Zottel, wegkommt, drohen die Frauen vom Jugendamt, dann wird ihr das Kind weggenommen. Sie meinen, Zottel bleibe sowieso erst mal weggeschlossen. Hexe beruhigt sich mit dem Gedanken, daß er dann wenigstens nicht fremdgehen kann. Als sie nach zwei Wochen aus Ägypten zurück ist, bekommt sie eine schöne Wohnung in einem Projekt für junge, alleinstehende Mütter.

Zottel haben sie von Hamburg erst mal durch halb Deutschland verschubt. In Hannover, Lübeck, Magdeburg, Neubrandenburg und schließlich Berlin malt er Striche an die Wände der Zellen. Es ist, als sei er Jahre unterwegs. Er lernt einen Mörder kennen und richtig dicke Dealer. Die anderen lachen, wenn sie seine Geschichte hören, und meinen: »Für eine Backpfeife können sie dich doch nicht einbuchten.« Er glaubt manchmal, sie lassen ihn überhaupt nicht mehr raus, jedenfalls nicht bis zur Geburt des Kindes. Wenn er allein ist, denkt er an Hexe und das Kind und weint sich die Augen rot. Er wartet darauf, daß Hexe sich meldet. Wie hätte er auch darauf kommen sollen, daß sie in Ägypten bei den Pyramiden ist?

Nach zwei Monaten Untersuchungshaft hat Zottel Verhandlung. Die Zeugen bestätigen, was ihm niemand geglaubt hat. Der Richter muß ihn laufenlassen, obwohl sich die Behörden verständigt hatten, daß es besser für Hexe wäre, wenn man ihn länger im Knast halten könnte. Als er zu ihr in die Wohnung kommt, da umkreisen sie sich erst mal wieder wie zwei mißtrauische Hunde. Zottel fragt: »Was ist?« Und Hexe: »Ja, was ist los?« Das soll eigentlich heißen: »Liebst du mich noch?«

Zottel legt die Hand auf Hexes Bauch, der schon rund ist. Sie erzählt ihm, daß es ein Junge ist, und meint: »Wegen der Aufklärung schicke ich ihn zu dir.« »Alles klar«, sagt Zottel. Hexe: »Erwähne aber bitte auch, daß es Kondome gibt.« »Kein Ding«, meint er. Hexe tritt ihm in den Hintern: »Das vergißt du garantiert, Alter. Dir scheint es ja auch niemand erklärt zu haben.« Hexe hat schon einen Namen für den Kleinen. Er soll Denny heißen, weil Zottels richtiger Name Dennis ist. Zottel sagt: »Eh, weißt du, was ist? Ich bin clean. Wenn ich jetzt eine Folie rauchen würde, ich müßte echt kotzen. Ich habe mich die ganze Zeit im Knast auf dich und das Kind gefreut. Wenn du dich auf was freust, denkst du nicht mehr an Gift.« Sie sitzen auf dem Fußboden in der Wohnung und machen Pläne. Wie sie mit dem Kleinen das erste Mal in Urlaub fahren. Zottel möchte gern in die Berge. Als er zehn oder zwölf war, ist er mit den Eltern nach Mittenwald gefahren. Morgens ist er aufgewacht und hat gedacht: »Was ist das für ein Sauwetter.« Aber es war nur ein riesiger, dunkler Berg vor dem Fenster und darüber blauer Himmel.

Sie wollen, was sie sich immer gewünscht haben. Von einem Hund haben sie beide geträumt, seit sie denken können. Sie besorgen sich eine junge Hündin. Zottel nennt sie Valium. Am nächsten Tag holen sie auch die Schwester von Valium. Hexe nennt sie Dicke. Sie fragen nicht groß, ob im Mütterprojekt Hunde erlaubt sind. Sie sind nur gespannt, wie die Hunde auf Denny reagieren werden. Hexes Mutter sagt, man muß den Tieren eine vollgepinkelte Windel vor die Nase halten.

Wenn die dann mit dem Schwanz wedeln, gibt es auch kein Problem mit dem Kind. Es ist schon, als wären sie eine richtige Familie. Manchmal kocht Zottel, meistens Spaghetti. Oder er macht Hawaiitoast, Hexes Lieblingsgericht, und Himbeersoufflé. Hexe ist in der Küche nicht zu gebrauchen. Sie ist schon eine merkwürdige Frau. Einen Pfannkuchen kriegt sie nicht hin, auch wenn man es ihr zehnmal erklärt. Aber die Fußballregeln hat sie sofort begriffen, Abseits, Punktewertung, alles. Sie sind St.-Pauli-Fans wie die meisten Punks. Seit ihre Mannschaft in der 2. Liga spielt und da auch viel verliert, ist sie Zottel noch sympathischer. Verlieren ist nicht schlimm, wenn man kämpft. Er haßt diese arroganten Sieger wie die von Bayern München. Oder Berti, der original deutsche Spießer, mit seiner schwarzrotgoldenen Sieg-Heil-Truppe.

Hexes Bauch wird immer dicker. Meistens bleiben sie zu Hause. Wenn sie rausgehen, ist Zottel stolz auf Hexes Bauch. Er spricht von seinem oder auch mal von unserem Kind. Obwohl längst alle wissen, daß das Kind von Smily ist. Einmal begegnen sie Smily. Der labert gleich Hexe voll. Woher sie denn so genau wisse, daß es sein Kind sei. Aber wenn es so wäre, würde er sich natürlich kümmern. Zottel steht daneben, guckt erst in die andere Richtung, dann starrt er Smily ins Gesicht, kommt immer dichter und schlägt einmal zu. Smily zieht das Palituch vors Gesicht und geht. Hexe meint, der Auftritt sei mal wieder überflüssig gewesen.

Sonst leben Zottel und Hexe wie Mann und Frau. Sie zoffen sich auch. Eigentlich jeden Tag. Es geht immer um diese Kleinigkeiten, mit denen sie sich auf den Nerv gehen. Einer fängt an. Wenn Hexe genervt ist, dann verdreht sie die Augen nach oben. Zottel fragt: »Eh, wieso guckst du schon wieder so?« Hexe antwortet nicht. Zottel fragt weiter, was los ist, obwohl er es genau weiß. Er kann dann zehnmal die gleiche Frage wiederholen, immer ein bißchen anders, bis er losbrüllt: »Alte, ich will mit dir reden.« Dann sagt sie erst recht keinen Ton. Wenn es mal zu heftig wird, schließt Hexe sich im Kinderzimmer ein. Das ist schon voll eingerichtet, mit einem kleinen Bett und Wickeltisch und Strampelhöschen.

Alles wäre ziemlich friedlich gewesen, wenn es nicht die Betreuerinnen in dem Mutter-Kind-Projekt gegeben hätte. Natürlich waren Hunde in den Wohnungen nicht erlaubt. Wegen Valium und Dicke hatten die Betreuerinnen einen Grund, Zottel das Haus zu verbieten. Klar, daß Zottel weiter gekommen ist, mit den Hunden. Die Betreuerin hat Hexe gesagt, sie müsse sich darauf einstellen, daß ihr Kind zur Adoption freigegeben wird. Weil sie nicht in der Lage sei, ihre Mutterpflichten zu erfüllen, solange sie mit einem wie Zottel zusammen ist. Eines Nachmittags klingelt es. Zottel hat ausnahmsweise seine Brille auf, weil er gelesen hat. Wie immer, wenn es klingelt, versteckt er die Brille im Badezimmer. Niemand außer Hexe soll ihn mit diesem Kassengestell auf der Nase sehen. Da ist er eitel wie mit seinen Haaren. Obwohl er ohne Brille fast so blind ist wie ein Maulwurf. Er behauptet, er sieht alles, nur ein bißchen trübe, wie Küstennebel, und das reiche doch. Zottel hat seine Brille noch nicht versteckt, da schließt die Betreuerin schon von außen die Tür auf und steht im Flur. Zottel wollte schon immer mit ihr reden. Aber die Situation ist nicht günstig. Er brüllt etwas von Privatsphäre. Dann legt er los. Von einer wie ihr ließen sie sich nicht auseinanderbringen. Wie sie dazu käme, ihnen das Kind wegnehmen zu wollen. Er benutzt beleidigende Schimpfwörter und schubst die Frau wohl auch ein bißchen. Etwas später klingelt es wieder. Die Tür geht auf. Polizisten stehen im Flur.

Manchmal weiß Hexe selber nicht, was in ihrem Kopf abläuft. Wie damals am Zoo. Da trifft sie Smily wieder, den sie vom Alex kennt. Nun hängt er gelegentlich am Zoo ab. Hexe ist gleich mit ihm zusammen. Sie weiß nicht, ob sie in ihn verknallt ist.

Als er zu ihr in die Wohnung kommt, umkreisen sie sich erst mal wie zwei mißtrauische Hunde. Zottel fragt: »Was ist?« Und Hexe: »Ja, was ist los?« Das soll eigentlich heißen: »Liebst du mich noch?«

stern 1998

Kai Hermann
Zwei gegen die Welt

Zottel würde gegen die ganze Welt kämpfen, wenn es um seine Freundin Hexe, das Kind in ihrem Bauch und die beiden Hunde geht, eben um seine Familie. Vom Jugendamt lassen sie sich schon gar nicht kleinkriegen. All diese Erzieherinnen und Sozialarbeiter scheinen nur noch das eine Ding im Kopf zu haben: Wie sie Hexe und Zottel auseinanderbringen. Längst haben Zottel und die Hunde Hausverbot für das betreute Mutter-Kind-Projekt, in dem Hexe wohnt. Zuletzt haben sie Zottel mit der Polizei aus Hexes Wohnung holen lassen. Die Bullen waren erst ein bißchen grob, weil Zottel als gewalttätig gilt. Schließlich wurden sie aber beinah nett. Sie haben verstanden, daß ein Mann bei seiner schwangeren Braut sein will. Nach ein paar Stunden ist Zottel mit den Hunden zurück in der Wohnung. Sollen sie kommen. Ohne Fight kriegen sie ihn nicht wieder raus. Aber es passiert nichts. Die Betreuerinnen lassen sie plötzlich in Ruhe. Die kommen nur noch, wenn Zottel und die Hunde nicht da sind, tun so, als merkten sie gar nichts mehr. Die werden schon einen neuen Plan haben, logisch. Zottel und Hexe können es sich denken: Das Amt will nur noch das Kind.

In der Wohnung wird es echt gemütlich. Zottel baut einen Ikea-Schrank zusammen, richtig fachmännisch. Obwohl er nicht rauskriegt, warum eine Tür schief hängt. Es ist eigentlich alles bestens. Sogar ein Telefon ist da. An Drogen kommt nur gelegentlich ein bißchen Gras ins Haus. Aber Zottel hat einen blöden Einfall. Er weiß selber nicht mehr, wie er darauf gekommen ist. Irgendwann hat er diese 0190-Nummer gewählt, die Flirt-Line. Er hat nicht daran geglaubt, daß die Frauen da überhaupt groß mit ihm reden würden. Vielleicht hat er sich den richtigen Codenamen ausgesucht, »Bademeister«. Jedenfalls ist immer irgendeine Frau in der Leitung. Und wenn Zottel erst mal loslegt, können die meisten nicht genug kriegen. Er hat eine gute Stimme. Das haben schon viele gemeint. »So bärbeißig sexy«, sagt Hexe. Natürlich übertreibt Zottel auch ein bißchen, wenn er sich beschreibt: groß, sportlich, braungebrannt, überall, noch vom letzten Urlaub. Die Frauen tun ja auch so, als seien sie Fotomodelle. Zottel fängt klein an mit den Sexspielen am Telefon: »Wir stehen jetzt unter der Dusche. Das warme Wasser läuft über deine Brüste. Ich trage dich zum Bett.« Und Hexe, die mithört, zischelt dazwischen: »Du mußt sie erst abtrocknen, du Arsch.« Hexe versucht es auch auf der Flirt-Line, weil das für Frauen kostenlos ist. Aber sie kommt sofort ins Stottern. Und wenn ein Typ trotzdem anfängt zu baggern, sagt sie ganz schnell: »Übrigens, ich habe einen dicken Bauch, weil ich schwanger bin, und mein Freund sitzt neben mir.«

So ist Hexe. Sie weiß nicht genau, was sie von Zottels erotischen Märchenstunden halten soll. Er braucht das wohl, das Gefühl, Frauen rumzukriegen. Besser, er macht es mit irgendwelchen Ziegen am Telefon als mit den Tussen, die auf der Straße hinter ihm hergeiern. Sie hat gleich überprüft, ob ihn das eigene Gelaber erregt. Aber da ist nichts. Er verarscht die Weiber also nur. Bescheuert, von was für einem Gesülze die sich heißmachen lassen. Zottel steht mit seinen 0190-Geliebten bald nicht mehr hinter klebrigen Duschvorhängen. Unter Palmen läßt er ihnen nun Sekt über die Brustwarzen perlen. Er nimmt sie auf dem Surfbrett im Takt der Wellen. Längst ist das Telefonieren zur Sucht geworden. Hexe fragt sich, warum bei ihm immer alles so suchtmäßig ausarten muß. Andererseits hat sie vorher nicht gewußt, wie romantisch und phantasievoll der Typ sein kann. Es macht ihr manchmal sogar Spaß, bei den Gesprächen zu spannen. Sie stellt sich vor, er schlürft aus ihrem Bauchnabel Sekt und schleckt die Erdbeeren von ihren Schenkeln. Als er dann endlich mal anfängt, sie zu streicheln, da hat er die andere Hand in der Chipstüte. Und statt sie zu küssen, knautscht er sich die Chips in den Mund.

Als Zottel mal einkaufen ist, kommt die Betreuerin und bringt die Telefonrechnung. 4500 Mark. Die Leitung ist schon gesperrt. Zottel, den Bademeister als Märchenprinzen, gibt es nicht mehr. Er hat Hexe immer vorgeworfen, daß sie ihm zu sehr am Arsch klebt. Jetzt bewegt er seinen Hintern überhaupt nicht mehr aus der Wohnung. Es wird eng manchmal. Die Hunde Valium und Dicke balgen sich, beißen mal in ein Stuhlbein, mal in den Teppich. Es ist schwer, sich nicht zu fetzen bei soviel Enge. Zottel meint, Hexe käme ohne ihn jetzt nicht mehr zurecht, weil sie ja selber noch ein halbes Kind ist. Er will auch, daß das Baby im Bauch ihn jeden Tag hört. Er sagt feierlich: »Das Kind ist wie mein eigenes Fleisch und Blut, weil ich fast immer bei ihm war.« Hexe wird es schon unheimlich, wie er über Denny redet, als sei er wirklich der leibliche Vater. Sie muß zu oft über Smily grübeln. Sie kann ihn nicht vergessen, wenn sie an das Baby denkt. Sie hat schon versucht rauszufinden, wo sich Smily rumtreibt. Sie will ihm jedenfalls das Kind zeigen. Zottel darf es nur nicht merken.

Denny muß jeden Tag kommen. Er ist überfällig, sagt der Arzt. Zottel will bei der Geburt dabeisein. Hexe freut sich darüber, meint aber, er ist zu sensibel. Sie warnt ihn: »Du wirst umkippen, wenn der Kopf kommt und das Blut, hundert Prozent pro.« Zottel sagt: »Heulen vielleicht. Aber nicht abklappen.« Er kann sich vorstellen, daß es der schönste Moment in seinem Leben wird. Weinen muß er garantiert. Er ist nervöser als Hexe, auch wegen der Enge, der Hunde und allem. Er hat vom letzten Geld eingekauft, Ananas und Schinken. Er bereitet Hexes Lieblingsessen vor, Hawaiitoast. Sie muß die Teile nur noch in den Backofen schieben. Als er in die Küche zurückkommt, sind die Toasts schwarz. Hexe hat den Backofen auf 250 Grad gestellt und dann rumgeträumt. Zottel fragt, wie man so blöd sein kann. Hexe verdreht die Augen nach oben und bleibt stumm. Und als er nicht aufhört, ihre Blödheit zu beschreien, geht sie ins Kinderzimmer und schließt ab. Zottel tritt die Tür ein. Das beruhigt ihn. Er kratzt die schwarze Kruste von den Toasts. Hexe überlegt, was die Tür kostet. 3500 Mark Schmerzensgeld muß sie noch an die andere Hexe zahlen, dann die Telefonrechnung, nun die Tür, ein paar Schwarzfahrten kommen auch noch dazu. Sie muß bald 10.000 Mark Schulden haben. Die werden sie ihr in Raten von der Sozi und vom Kindergeld abziehen.

Am nächsten Morgen kommen die Wehen. Hexe muß Zottel beruhigen, damit er nicht gleich den Krankenwagen holt. Als das Taxi vor der Tür steht, läuft Zottel immer noch in Bermudashorts rum, rennt um das Auto, sagt »Klar komme ich mit« und dann »Ich weiß nicht«. Er ist total fertig und Hexe ziemlich genervt. Sie fragt: »Was heißt das jetzt? Daß ich dann allein im Krankenhaus hängen darf?« Die Betreuerin ist auch da, meint richtig nett, Zottel könne doch nachkommen. Im Krankenhaus wird Hexe an den Wehenschreiber angeschlossen. Sie starrt auf die roten, gelben, grünen Punkte. Der Arzt sagt, sie solle das gar nicht beachten. Aber es macht sie hektisch. Die Wehen sind unregelmäßig, der Muttermund ist noch zu. Hexe kann sich wieder anziehen und nach Hause gehen. Vor dem Untersuchungszimmer steht Zottel und grinst von einem Ohr zum anderen. Hexe merkt sofort, daß er vollgekifft ist bis unter die Haarspitzen. Weil der Feigling es sonst nicht gebracht hätte, im Krankenhaus zu erscheinen. Sie ist nur noch sauer und sagt: »Darauf kann ich verzichten. Daß du voll breit einen Scheißfilm schiebst bei der Geburt. Daß du noch anfängst zu lachen, und die Ärzte merken das.«

Mittags haut Hexe sich noch mal Spaghetti rein. Nachts kommen die Wehen immer regelmäßiger, fast alle zwei Minuten. Frühmorgens steigt Zottel, absolut nüchtern, sofort mit ins Taxi. Es geht alles rasend schnell. Zottel rennt nur einmal aus dem Kreißsaal, weil Hexe so tierisch schreit. Dann ist er wieder da und hält sie fest. Die Hebamme meint, daß nur wenige Väter so vernünftig und hilfreich sind. Als der Kopf kommt, darf Zottel schon einmal rüberstreicheln. Er klappt nicht weg, er fängt nur an zu weinen. Als er Denny dann im Arm hat, heult er richtig los. Er ist sich ziemlich sicher, daß es der schönste Moment in seinem Leben ist. Doch Zottel ist nicht der gesetzliche Vater. Und Hexe ist nur eine minderjährige Mutter, die kein Recht hat auf ihr Kind. Über das Wohl von Denny bestimmt das Jugendamt. Die Behörde ist längst zu dem Urteil gekommen, daß Zottel eine Gefahr ist für Kind und Mutter. Die Mitarbeiter haben ausreichend Hinweise für diese Annahme gesammelt. Drei Tage Zeit geben sie Hexe, sich zu entscheiden. Entweder sie zieht in ein betreutes Heim nahe der tschechischen Grenze, fast eine Tagesreise von Berlin und Zottel weg. Oder aber sie gibt das Kind her. Die Sozialarbeiter, die mit dem Fall Hexe und Zottel befaßt sind, und das sind mittlerweile einige, glauben zu wissen, was Hexe wählen wird: Zottel, Zoo und Drogen. Hexe braucht keine drei Tage zum Überlegen. Denny bleibt bei ihr, und wenn sie nach China ziehen muß. Zottel sagt, das wichtigste in ihrem Leben sei, daß sie Denny behalten darf. Und gegen die Behörden könne man sowieso nichts machen.

Am Tag, an dem Hexe und Denny frühmorgens abgeholt worden sind, geht Zottel zum Zoo. Einige Tage später nerven ihn in der U-Bahn zwei Glatzen. Er hat getrunken, weil er nicht wieder mit den Drogen anfangen will. Er schlägt zu. Dem einen nimmt er noch den Walkman ab und die Kassette mit Faschomusik. Das ist Raub. Zottel wird gleich darauf am Bahnhof Zoo verhaftet. Valium und Dicke kommen ins Tierheim. Hexe hat eigentlich nur eine Bitte gehabt an das Jugendamt. Sie wollte nicht in einen Ort, wo an jeder Ecke Glatzen rumhängen. In dem Kaff, in dem sie jetzt ist, sind fast alle Jungen Glatzen. Sie hat nur einmal versucht, mit ihrem St.-Pauli-T-Shirt rumzulaufen. Das ewige »Zecke, verpiß dich« hat abgenervt. Das Heim und die Betreuerinnen sind soweit ganz in Ordnung. Einmal in der Woche darf Hexe in die Disco, zur Flirtparty, von 18 bis 22 Uhr. Sonst sind die Abende lang. Hexe hat angefangen, ganze Schulhefte vollzuschreiben. Immer wieder mit demselben Satz: »I love you.« Komisch, dabei weiß sie nicht mehr, wen sie liebt, ob sie überhaupt noch jemanden liebt.

Sie hat erfahren, daß Zottel wieder im Knast ist. Sie denkt, vorher ist er garantiert noch fremdgegangen und daß sie den ewigen Streß mit ihm nicht durchhält. Sie haßt ihn dafür, daß er praktisch Valium und Dicke allein gelassen hat, obwohl die zur Familie gehören. Alle sagen, sie muß sich von Zottel trennen, wegen des Kindes. Sie hat viel Zeit, Denny anzusehen. Sie findet, daß er jeden Tag seinem leiblichen Vater Smily ähnlicher wird. Sie steigert sich da richtig rein. Sie hat eine Freundin in Berlin gebeten, Smily die Telefonnummer vom Heim zu geben. Er ruft tatsächlich an und setzt sich auch gleich in den Zug. Als Smily den Kleinen ganz begeistert auf den Arm nimmt und ihm dann zum erstenmal die Flasche gibt, glaubt Hexe zu wissen, daß die beiden zusammengehören. Bevor er wieder wegfährt, verspricht Smily, Valium und Dicke aus dem Tierheim zu holen.

Hexe bekommt über Weihnachten und Neujahr Berlinurlaub. Ihre Mutter hat versprochen, dafür zu sorgen, daß sie keinen Kontakt zu Zottel hat. Aber der ist ja angeblich sowieso für längere Zeit im Knast. Den Tag, bevor Hexe losfährt, ruft Zottel an. Sie haben ihn mit Auflagen freigelassen, wegen Weihnachten. Er kommt zum Bahnhof Zoo, um sie abzuholen. Smily ist auch da, mit den Hunden. Zottel sieht ihn nicht ohne Brille. Smily hat wie immer das Halstuch bis unter die Nase gezogen und kaut nervös an dem Stoff. Hexe entdeckt gleich beide. Sie ist ziemlich ruhig. Sie möchte am liebsten zu den Hunden, aber sie geht erst mal zu Zottel. Sie gibt ihm Denny, bevor sie Smily begrüßt. Mit dem kleinen Jungen auf dem Arm kann Zottel nicht zuschlagen. Hexe ist manchmal ganz schön gerissen. Dann stehen sich Zottel und Smily aber doch gegenüber, ganz nah, Gesicht an Gesicht. Smily kaut auf seinem Halstuch. Zottel nimmt wortlos die Leinen der Hunde. Er sagt schließlich: »Alles klar?« Und die beiden tun so, als hätten sie sich zufällig mal wieder am Zoo getroffen. Zottel legt den Arm um seine Hexe. Sie fahren zum Alex und zeigen den Leuten da das Kind. Aber Zottel kommt es so vor, als wäre Hexe weit weg, auch wenn er ihr den Arm auf die Schulter legt. Er sagt: »Du hast dich verändert.« Hexe antwortet: »Ist doch wohl logisch, wo ich die Verantwortung für das Kind habe.« Sie nutzt die Gelegenheit, um ihm zu erklären, daß sie sich nicht viel sehen können. Weil ihre Mutter sie sofort wieder ins Heim schickt, wenn sie erfährt, daß sie sich noch treffen. Zottel rennt weg. Er kommt noch mal wieder, sagt, das könne doch nicht wahr sein. Er läuft wieder los mit den Hunden und kommt nicht zurück. Er versucht noch ein paarmal, bei Hexe zu Hause anzurufen. Immer ist die Mutter am Apparat und legt gleich wieder auf. Hexes Eltern laden Smily zu Weihnachten ein. Smily ist eigentlich Autonomenpunk. Aber er kann auch ganz anders sein. Er räumt den Tisch mit ab und ist unheimlich höflich. Hexes Eltern haben nichts dagegen, daß er dableibt. Er schläft im Wohnzimmer unter dem künstlichen Tannenbaum.

Smily ist ruhiger als Zottel. Er hat ein Verfahren am Hals, schwerer Landfriedensbruch, weil er mit anderen Autonomen die Scheiben von einem McDonald's-Laden zum Klirren gebracht haben soll. Aber Smily macht nicht jeden dritten Tag irgendeine andere Scheiße. Er geht auch nicht mehr zum Bahnhof Zoo, weil ihn diese Halbtoten auf der Junkieszene ankotzen. Ein richtiger Autonomer hat Haß auf Nazis, McDonald's und Junk. Sein Problem bleibt, daß er sich immer in zu viele Frauen gleichzeitig verknallt, weil die es ihm auch leichtmachen. Aber jetzt liebt er sein Kind und wahrscheinlich auch Hexe. Jedenfalls wird er Hexe und den Kleinen nicht allein lassen.

Die ersten Tage genießt Hexe die Harmonie. Smily kümmert sich um Denny und ist mit den Eltern ein Herz und eine Seele. Die haben auch schon seine Eltern eingeladen. Alles hat plötzlich eine Ordnung. Hexe wird es unheimlich. Wenn Smily den Kleinen auf dem Arm hat, vergleicht sie immer wieder die Gesichter. Sie kann überhaupt keine Ähnlichkeit mehr finden. Nachdem sie alle zusammen auch Silvester unter dem Plastiktannenbaum gefeiert haben, sagt Hexe, sie muß mal raus, allein, Luft schnappen. Sie fährt und latscht durch die Stadt. Sie weiß nicht genau, ob sie wirklich Zottel sucht. Sie bekommt gleich gesteckt, daß er Silvester mit einer Frau zusammen war. Sie sagt, wer ihn sieht, soll ihm schöne Grüße ausrichten. Und daß sie ihm die Eier platttreten wird. Einen Abend bevor Hexe zurückmuß, treffen sie sich doch noch. Erst sitzen sie in einer Kneipe und drehen sich die Rücken zu. Dann will Hexe wissen, was mit der Tusse war, Silvester. Zottel versucht, sich rauszureden. Als er richtig kleinlaut ist, erzählt sie vorsichtig die Sache mit Smily. Sie bringt die Geschichte so unschuldig, daß Zottel kurz vor dem Heulen ist und sie küßt. Hexe ist eben manchmal ziemlich raffiniert.

Später latschen sie ineinander verkrallt durch den Regen. Zottel sagt: »Jede andere Frau hätte mir längst endgültig einen Fußtritt gegeben.« Hexe fragt: »Welcher Typ würde es denn mit mir länger aushalten?« Als sie wieder zu Hause ist, macht sie gleich mit Smily Schluß. Die Eltern hätten gern begriffen, was in ihrem Kopf vorgeht. Hexe fährt am nächsten Tag mit dem Kind allein zum Bahnhof Zoo und steigt in den Zug Richtung Ödnis. Sie will nicht, daß sie irgend jemand begleitet, nicht Smily, nicht Zottel. Sie muß im Kopf erst mal aufräumen.

Dann steht sie wieder vor dem Haus, in dem sie ein Jahr oder zwei oder weiß sie wie lange leben soll. Eigentlich könnte es ganz schön sein. Es hat Säulen und einen Turm, in dem Hexes Zimmer ist. Fabrikherren hat es mal gehört, bevor der Sozialismus kam. Aus dem Fenster im Turm sieht man auf die Fabrikhallen, die vermodern. Vielleicht wird es im Frühjahr schön, wenn die Bäume grün sind in dem Park mit dem Schloß, das ganz nah ist. Zottel hat versprochen, sie bald zu besuchen. Hexe glaubt das nicht so richtig. Es kommt bei ihm immer etwas dazwischen. Wahrscheinlich eine andere Braut. Oder er geht wieder in den Knast. Wenn es aus ist, sagt sie, will sie für lange Zeit keinen Freund mehr haben. Vielleicht kämpft sie auch um Zottel. Erst mal will sie sich um Denny kümmern, sehen, daß sie mit den Betreuerinnen und den anderen Mädchen auskommt und sich mit den Glatzen arrangiert, weil sie nun auch nicht total versauern will in dem Kaff. Wenigstens einmal die Woche in die Disco, von sechs bis zehn, zur Kinderparty. Dann wieder sechs Abende, an denen man dicke Bücher vollschreiben kann. Vielleicht zur Abwechslung mit dem Satz: »I hate you.«

Nachts schreit Denny, ein-, zwei-, dreimal. Er ist noch immer ein sehr nervöses Kind. Wenn sie sein Geschrei nicht hört oder nicht hören will, kommt die Betreuerin und rüttelt sie wach. Mit 17 kann das Leben schon ziemlich zu Ende sein, denkt Hexe manchmal. Aber sie will es packen, wegen Denny. Wen hat sie denn auch außer Denny? Zottel etwa? Sie träumt davon, daß man ihr erlaubt, die Hunde zu holen. Wenigstens Dicke. Es gibt einen Platz am Heim, da könnte man gut einen kleinen Zwinger bauen. Wenn Zottel Verhandlung gehabt hat und noch mal Bewährung kriegt, kommt er bestimmt mit den Hunden.

Ein Anruf von Hexe an einem Samstagmittag Ende Januar. Sie liegt im Krankenhaus, soll operiert werden. Hexe sagt, sie hält es nicht mehr aus. Sie hat Angst, ist unheimlich allein. Sie meint, es sei Zottels Schuld, alles. Das sagt ihr sowieso jeder. Sie will nach Berlin fahren, um Zottel zu erschlagen. Etwa zwei Stunden später muß es gewesen sein, als Hexe heimlich ihre paar Sachen packt und aus dem Krankenhaus verschwindet. Sie läßt Denny zurück, ohne jemanden zu informieren. Den Tag darauf werden Hexe und Zottel am Bahnhof Zoo gesehen. Wie sie sich erst umkreisen und schließlich ineinander verkrallen. Die Hunde Dicke und Valium sollen durchgedreht sein vor Freude. Zottel hat angeblich noch gesagt, er werde Smily erschießen. Danach hat sie niemand mehr gesehen am Zoo oder am Alex oder auch am Hamburger Hauptbahnhof. Einige meinen, Hexe und Zottel wollten irgendwie nach Süden, in die Berge. Drei Tage hat Hexe Zeit, sich zu entscheiden. Entweder sie zieht in ein betreutes Heim, fast eine Tagesreise von Berlin und Zottel weg. Oder aber sie gibt das Kind her. Zottel kommt es so vor, als wäre Hexe weit weg. Er sagt: »Du hast dich verändert.« Hexe antwortet: »Ist doch wohl logisch, wo ich die Verantwortung für das Kind habe.« Zottel hat versprochen, sie bald zu besuchen. Hexe glaubt das nicht so richtig. Es kommt bei ihm immer was dazwischen. Wahrscheinlich eine andere Braut oder Knast.

stern 1998

Margrit Sprecher
Zwischen Sozialarbeiterinnenprosa und Literatur
Die sozialkritische Reportage als Störfall

Als ich vor vielen Jahren an der Universität Wien studierte, hoffte ich eigentlich, im Zeitungswissenschaftlichen Institut zu lernen, wie man Artikel schreibt. Es kam nicht so weit. Statt dessen verbannte man uns einen schönen, heißen Sommer lang in einen Keller der Hofburg, wo wir unzählige Jahrgänge des *Kurier* auf das Verhältnis Inserate/redaktioneller Teil auswerten mußten. Im Auftrag welcher Firma wir unsern Frondienst leisteten, haben wir nie herausgefunden. Nachträglich nahmen wir an, daß es sich dabei um eine Art Beschäftigungstherapie gehandelt hatte. Denn das Fach Zeitungswissenschaft war damals noch jung, und vermutlich wußte niemand recht, was er uns beibringen sollte.

Das ist auch ein Grund dafür, daß Sie jetzt keine promovierte Zeitungswissenschaftlerin vor sich haben, sondern eine Reporterin. Es fehlen mir die wissenschaftlichen Einsichten; meine Erfahrungen und Blessuren stammen von der Front. Dazu gehört auch der – zunehmende – Zweifel, ob man überhaupt schreiben lernen kann. Damit meine ich nicht die Technik, jene Gebrauchstexte herzustellen, die in jeder gewünschten Menge zu jeder gewünschten Zeit lieferbar sind und sich bei Bedarf ohne Verluste von hinten kürzen lassen. Damit sind auch keine Leitartikel gemeint, die gewissen formalen Regeln und gedanklichen Abläufen folgen und durchaus Routinesache werden können. Ja, selbst Politreportagen zwängen sich gern in ein bewährtes Raster. Man beginne mit einem Taxichauffeur und seinen unerhört treffenden Sprüchen und ende mit einem ebenso namenlosen Stichwortgeber, der dem Reporter Gelegenheit verschafft, seine eigenen Gedanken anzubringen.

Nichts aber entzieht sich so konsequent jeder Art von formaler Kontrolle und journalistischen Grundsätzen wie die sozialkritische Reportage. Jede Regel läßt sich hier auch in ihr Gegenteil umkehren. Was heute notwendig ist, ist morgen eine Todsünde. Wer sich ans Lehrbuch hält, liefert meist nicht mehr als eine mit Lokalkolorit aufgemöbelte Nachricht, die beim Leser weniger lang haftet als sein Tageshoroskop. Man beschreibt die Zunahme der Jugendarbeitslosigkeit und stellt sich für zehn Minuten selbst in die Schlange vor dem Arbeitsamt. Man berichtet über aidskranke Mütter und meldet sich bei der redegewandtesten und pressefreundlichsten zum Interview an. Oft gehorcht der Journalist mit dieser Direttissima nicht einmal dem eigenen Triebe, sondern der Zeitnot. Denn nur wenige Printmedien sind heute wirtschaftlich in der Lage, ihr Reporterteam für eine Woche und länger abzukommandieren.

Das Ergebnis hilft niemandem. Der ohnehin schwache Goodwill des Lesers, sich seine Frühstückslaune mit der Not und dem Elend auf dieser Welt verderben zu lassen, sinkt schon nach wenigen Sätzen. Er riecht die Gleichgültigkeit, mit der das Thema »verbraten« wurde. Er ahnt das Gerüst, mit dessen Hilfe Betroffenheit hergestellt werden sollte. Und er fragt sich, wohl zu Recht: »Warum soll ich mich aufregen, wenn sich nicht einmal der Verfasser oder die Verfasserin aufregt?« So sehen sich alle, die sich auf sozialkritische Reportagen einlassen, in der unkomfortablen Lage, besser als ihre Kolleginnen und Kollegen sein zu müssen. Ihre Arbeit muß sich aus der Flut des Gewöhnlichen herausheben, ihre Sprache muß zwingender sein, ihr Artikelaufbau gekonnter, der Spannungsbogen straffer – vorausgesetzt natürlich, sie wollen ihre Leserschaft bis in den letzten Abschnitt mitnehmen.

Belohnt wird diese Extramühe von niemandem. Im Gegenteil. Die Chefredaktion gibt sich gönnerhaft und erwartet Dankbarkeit, daß sie dem unattraktiven Thema überhaupt Platz eingeräumt hatte. Euphorische oder wütende Leserbriefe bleiben aus: Offenbar hat wieder einmal kein Mensch die Seite gelesen. Auch von den Kollegen kommt kein anerkennendes Wort, höchstens der herablassende Satz: »Hätte ich nicht schreiben wollen ...« Oft sind sogar die Betroffenen selbst, deren Schicksal man publik gemacht hatte, nach der Veröffentlichung enttäuscht. Auch tausend Zeilen haben keine Änderung ihres Zustands bewirkt. Das war schon immer so. Aber es ist heute noch schwieriger geworden. Einer der Gründe ist das Umfeld, die Zeitung. Die ersten großen deutschsprachigen Sozialreporter des letzten Jahrhunderts, Joseph Roth, Egon Erwin Kisch und Alfred Polgar, um nur einige zu nennen, publizierten ihre Geschichten in Blättern, die, wie damals üblich, ganz der dürren Faktenvermittlung dienten. Die Leser waren es gewohnt, vor allem mit politischen Apparaten konfrontiert zu werden, Zahlen und Daten geliefert zu bekommen, die sie oft in keinerlei Zusammenhang stellen konnten. Höchst selten verlor sich so etwas wie »human touch« in die Zeitung, und wenn, dann mußte er literarische Qualitäten aufweisen, in Reiseberichten etwa oder bei Heinrich Heine mit seiner Gerichtsreportage »Old Bailey« aus London. Und plötzlich sprossen auf diesem spröden Zeitungsboden Berichte, die vom wahren Leben handelten. Sie strotzten von Schicksalen und Bildern. Sie überschritten für die Leserschaft Barrieren, überwanden Distanzen. Und letztere empfand es als durchaus willkommene, ja exotische Abwechslung, mit in eine Wärmestube, an die Front oder in ein Bergwerk genommen zu werden. So schrieb Egon Erwin Kisch nach seinem Besuch über die berühmt-berüchtigte spanische Quecksilbermine Almaden 1934:

»Hinab rasselt der Förderkorb. Ein Brett oben, ein Brett unten. Dazwischen die Passagiere und ein leerer Hunt. Die Felsen, die wir durchfahren, werden zu Seitenwänden des Förderkorbs. Plötzlich klafft die Wölbung im Schacht, rechts und links ahnen wir Korridore. In diesem Stockwerk hat der Körperkorb (der gleiche wohl) hundert Jahre lang hundertmal am Tag gehalten, alle Passagiere, alle Lasten wurden ein- und ausgeladen, hundert Jahre lang war hier Endstation. Ein Heer von Sklaven schürfte von morgens bis nachts, von nachts bis morgens, aber eines Tages war die Strecke abgebaut, und der Fahrstuhlschacht wurde tiefer hinabgeführt.«

Diese Schilderung muß damals ein Feuerwerk von Vorstellungskraft im Kopf der Menschen ausgelöst haben. Heute müßte sich Kischs Reportage gegen ein ganz anderes Umfeld behaupten. Die Leser sind schärfere Kost gewohnt. Keine Exotik ist ihnen mehr fremd. Sie wissen, wie blutig es auf einem Walfängerschiff zu- und hergeht, wie die Kindersoldaten im Dschungel wüten, wie die Bewohner einer Atomstadt in Rußland bei minus 30 Grad überleben. Dazu würzen die Blattmacher großzügig mit den Geschmacksverstärkern Sex and Crime und kitzeln ihre Leserschaft mit immer neuen Ängsten. Das sind, je nach Jahreszeit, Rinderwahnsinn, Kometen aus dem Weltall, Zecken oder der Tropenvirus Ebola. Eine derart strapazierte Aufmerksamkeit für ein sozialkritisches Anliegen zu gewinnen ist ein schwieriges Unterfangen. Und noch schwieriger ist es, Verlag und Chefredaktion davon zu überzeugen, das Thema auch zu drucken. Denn alles, was weder griffig ist noch sich süffig liest, gilt auf vielen Redaktionen als Störfall. Und dies nicht nur bei Boulevardblättern.

Man kann die Abneigung verstehen. Schließlich hat das Leid auf der Welt inflationäre Ausmaße angenommen. In jedem Kontinent sind Flüchtlingsströme unterwegs, und man weiß heute von allen. Wer letzte Woche einen Bericht über die Probleme der Schwarzen in Soweto im Blatt hatte, will diese Woche nicht schon wieder die Probleme der Schwarzen in den Favelas von Rio bringen: Ist in den Augen der Leser eh fast das gleiche. Wer eine Seite über die Kinderarbeit in Indien publizierte, kann jetzt nicht schon wieder minderjährige Prostituierte in Mombasa drucken. Die Alkoholiker sind ohnehin déjà-lu, die Fixer ebenfalls, und Folteropfer hatte eben die Konkurrenz. Nicht daß Verleger und Chefredaktoren besonders herzlos wären. Aber sie kennen eben die Antwort auf die Frage:»Was will der Markt?« Das ist vor allem Fun. Und das sind keinesfalls die »grauen« Themen, wie Sozialkritisches auf der Redaktion heißt. Graue Themen verderben das Blatt und machen schlechte Laune. Graue Themen verstärken im Leser das Gefühl der Ohnmacht und beim Inserenten die Unlust zum Inserieren. Graue Themen will niemand, auch wenn zum idealen Mix natürlich eine Prise menschliches Elend gehört. Aber dann muß es nach Abenteuer riechen, nach Gewalt und Katastrophen. Lawinenunglücke sind immer gut, ebenso Explosionsbrände und Überschwemmungskatastrophen. Auch das erschütternde Einzelschicksal ist willkommen. So rührte im vergangenen April der kubanische Bub Elian die Weltöffentlichkeit weit mehr als das Schicksal der 16 Millionen Menschen am Horn von Afrika, die gleichzeitig am Verhungern waren. Das heißt: Vielleicht waren sie noch nicht genügend verhungert. Oder, wie es der äthiopische Außenminister Seyoum Mesfin ausdrückte:»Offenbar warten die Medien, bis sie die ersten Skelette fotografieren können!« So lang warteten die Medien dann trotzdem nicht. Als der amerikanische Sender CNN aufkreuzte, bekam das Hungerdrama in Äthiopien für alle Newswert.

Wo also verdienen heute die Reporter ihr Brot, denen das Unglück einer zurückgewiesenen Asylantenfamilie näher geht als das Unglück im englischen Königshaus? Es gibt sie noch, diese Biotope. Doch sie sind selten geworden, und die Zeitungen und Zeitschriften, die es sich sowohl leisten können wie wollen, ein soziales Anliegen zu pflegen, sind begehrte, bedrängte und belagerte Anlaufstellen. Dazu gehören die großen Wochenzeitungen und die überregionalen Blätter mit ihren Seiten 3 oder beigelegten farbigen Wochenendbeilagen, die sich das Marktunkonforme eher leisten können, weil sie sich mit ihren Themen nicht am Zeitungsstand verkaufen müssen. Und dazu gehören natürlich auch die gepflegten Hochglanzmagazine wie *Geo, Mare, National Geographic Magazin* oder *Spiegel Reporter*. Die Abneigung der Presse gegen das Drucken von Sozialkritischem ist nicht neu. Nur hatte diese Abneigung früher andere Wurzeln. Man befürchtete, daß sich die Einflußreichen durch allzu bewegende Berichte über das Elend der Obdachlosenheime oder Lungenheilstätten belästigt fühlen oder den Wehrwillen der Männer gefährdet sehen könnten. Als Folge erschienen damals die meisten Sozialreportagen in Arbeiterzeitungen mit einer ohnehin schon für die Not der Menschheit sensibilisierten Leserschaft.

Heute befürchten die Zeitungsverantwortlichen das Abwandern ihrer Leserschaft zu kurzweiligeren Blättern und das Stirnrunzeln der Inserenten. Ihre Befürchtungen sind begründet. Schließlich will niemand für Luxusuhren in einem Blatt inserieren, dessen Leser eben ein schlechtes Gewissen bekommen haben, weil es ihnen so gut geht, während jedes dritte Kind auf der Welt hungert. Und auch die amerikanische Autofirma weigerte sich, ihre wunderbaren, doppelseitigen Annoncen in der Wochenzeitung zu plazieren, deren Berichterstattung über die Vereinigten Staaten sie als zu wenig euphorisch empfunden hatte.

So ist es purer Selbsterhaltungstrieb, daß viele Zeitungen die sozialkritische Reportage auf einer der hinteren, weniger attraktiven Seiten verstecken. Motto: Wer sucht, kann finden. Wie wichtig die Plazierung jedoch ist, zeigt der Bericht der Journalistin Stieglmayer über die Massenvergewaltigungen bosnischer Frauen. Erst wurde er im *Rheinischen Merkur* publiziert, und zwar in der feinsinnigen Rubrik »Christ und Welt«. Dort haben ihn offenbar die meisten Leser überblättert. Oder es mit einem stillen Gebet für die Opfer bewenden lassen. Zwei Wochen später brachte die Schweizer *Die Weltwoche* den gleichen Artikel an prominentester Stelle im prominenten Auslandteil. Und erst danach brach die Empörung aus, kam es zu Kundgebungen und politischen Folgen.

Beim Gerangel um die vorderen Plätze im Blatt verschafft ein klingender Name natürlich Vorteile: Die brillante Sprache des Reporters oder der Reporterin läßt, trotz des unerfreulichen Themas, hohes Lesevergnügen erwarten. Ihre Sicht der Dinge wird Interesse wecken und Bekanntes in neuem Licht erscheinen lassen. Sie langweilen nicht mit langatmigen Einleitungen, aufgesetzter Moral und fadem Verplätschern. Vor allem aber sind sie Garanten einer Reise, die man nicht gleich wieder vergißt. Denn sie waren wirklich an Ort und Stelle. Eine selbstverständliche Forderung, möchte man meinen. Das ist sie keineswegs. Und sie wird es immer weniger. Schließlich schafft es heute jeder Internetist spielend, sich vom Schreibtisch aus und mit zwei zusätzlichen Telefonaten das nötige Kolorit für die Explosionskatastrophe in Enschede zu besorgen. Oft spart er sich die Mühsal des Wegfahrens durchaus mit Wissen der Redaktion. Denn die spart sich dadurch die Kosten der Reise.

Nun sind sozialkritische Reportagen tatsächlich meist beschwerliche Unternehmen – vor allem, wenn man den körperlichen Einsatz nicht scheut. Egon Erwin Kisch, der bei seinen Stoffsammelfahrten in alle Kontinente stets mit heiler Haut zurückgekehrt war, beantwortete die Frage nach dem Warum mit den Worten: »Weil ich aus gutbürgerlichem Hause stamme, weil ich als deutschsprechender Jude in einer anderssprachigen Umgebung aufgewachsen bin und weil ich Kommunist wurde. Etwas davon hat mir immer weitergeholfen.« Vor allem aber hatte er wohl das, was Napoleon die wichtigste Eigenschaft eines Generals nannte: Fortune. Fortune brauchen nicht nur Generäle, auf Fortune sind auch Reporter angewiesen. Es gibt Kollegen, die sind just dann zur Stelle, wenn es passiert: Die Straßengangs liefern sich eine Straßenschlacht, oder die Ärztin im Busch wird zu einem Notfall gerufen. Und andere Kollegen sitzen mit schöner Regelmäßigkeit in einem Kaff fest, weil die Fluggesellschaft streikt oder die Überschwemmung den Bahndamm weggespült hat. Ihre Hauptperson reiste überraschend an ein unbekanntes Ziel ab, oder der Streik wurde auf unbekannte Zeit verschoben.

Auf Fortune ist der Reporter vor allem deshalb angewiesen, weil sozialkritische Reportagen mühsam zu organisieren sind. Und nur selten mit Unterkünften in Fünfsternehotels, Linienflügen oder abendlichen Barbesuchen gekoppelt. Man bekommt keine Pressemappe in die Hand gedrückt, in der alles Wichtige (und das sind nicht nur Zahlen, sondern auch die richtigen Vornamen) steht. Man hat keinen Presseverantwortlichen an der Seite, der einem die für die Story interessantesten Menschen vor das Tonbandgerät, den Notizblock und den Fotoapparat treibt und mit etlichen Drinks dafür sorgt, daß die Presse immer guter Laune bleibt. Viel häufiger sitzt man morgens um fünf im Mantel und mit Schal am Frühstückstisch eines ungeheizten Hotels und trinkt lauwarmen Kamillentee, weil es nichts anderes gibt. Oder irrt, bei vierzig Grad im Schatten, durch ein afrikanisches Dorf auf der Suche nach einer aidskranken Prostituierten, die niemand zu kennen scheint. Oder klopft in einem schneeverwehten Weiler an unzählige Türen, um mehr über einen unglücklichen, jungen Brandstifter zu erfahren, der den Ort seit Monaten in Angst und Schrecken versetzt hat. Doch die Türen bleiben geschlossen, und wenn sie sich öffnen, dann nur, um dem Fremden einen bellenden Hund auf den Hals zu hetzen. Doch das ist alles harmlos, verglichen mit der Pein und Mühsal, die nach der Heimkehr warten. Da sind nicht nur die handwerklichen Sorgen: Wer tagelang unterwegs war, dessen Notizbuch ist prall gefüllt. Das Thema scheint unter der Last des eingesammelten Materials zu ersticken. Da ist so viel Schrott, da ist so viel Nebensächliches, das die Sicht auf das wirklich Wichtige verstellt. Und was das wirklich Wichtige ist, erkennt man leider oft erst im nachhinein.

Diese Sorgen kennen alle, die schreiben. Doch die Sorgen unseres Sozialreporters, unserer Sozialreporterin gehen weit über die Sorgen ihrer Berufskollegen hinaus. Sie können nicht mit der natürlichen Neugierde ihrer Leser rechnen, nicht mit ihrem Bedürfnis nach Sensation, ja nicht einmal mit ihrer Häme oder anderen zuverlässigen Transmissionsriemen. Sie müssen sie gewissermaßen zwingen, mit auf die Reise in ein so mühseliges Land zu kommen, sie mit dem Lasso ihrer Worte einfangen. Wie aber, so fragen sie sich, wieder vor dem Computer, sollen sie die Unlust der Leserschaft überlisten, die keineswegs darauf wartet, eine weitere Geschichte über Flüchtlinge, mißbrauchte Kinder oder Hunger zu lesen, über Drogensüchtige und Asylanten? Haben wir das Pech, daß die Kollegen vom Fernsehen ebenfalls an Ort und Stelle waren und den Abtransport der Leichen bereits in Großaufnahme gezeigt oder dem Thema gar einen ganzen Abend gewidmet haben, verzweifeln wir erst recht. Was gibt es da noch zu erzählen?

Doch Verzweiflung ist fehl am Platz. Die Fernsehkonkurrenz ist weniger gefährlich als befürchtet. Alles, was das Fernsehen zeigen kann, sind Ereignisfetzen, die wohl das Auge reizen, aber nicht weiterführen. Zudem ist das Fernsehteam schwerfällig. Alle Aussagen muß es mit einem Bild belegen, sich mit einer Art szenisch garnierter Faktenvermittlung zufriedengeben. Das schränkt nicht nur ein, das verzerrt auch. Und solches bleibt dem Zuschauer nicht verborgen. »Wie war es denn wirklich?« erzählt ein Kameramann, wird er immer wieder gefragt, wenn er von einem Einsatz zurückkommt – und dies, obwohl der Beitrag bereits gesendet wurde und man jetzt doch scheinbar alles »weiß«.

Denn »wirklich« – das ist nicht, was die irrende Linse der Kamera hier und dort aufpickt. Die wirkliche Geschichte findet nicht bei der arrangierten Begegnung mit einem Townshipbewohner statt und schon gar nicht an der Pressekonferenz mit ihrem Fragezwang. Die wirkliche Geschichte findet dann statt, wenn die Scheinwerfer erlöschen und wir sie am wenigsten erwarten. »Wirklich« ist nur der Augenzeugenbericht eines Menschen, ein Maß, das schon immer gegolten hat. Das zu wissen ist tröstlich für alle Zeitungsreporter – und Reporterinnen. Wir können szenische Zusammenhänge erfassen, die keine Kamera erfaßt. Uns in Details verlieren, in denen sich auf exemplarische Weise das große Ganze zeigt. Wir können mit allen fünf Sinnesorganen Eindrücke sammeln, uns mit Haut und Haar auf einen Menschen, auf eine Geschichte einlassen. Und schließlich wieder Distanz gewinnen und das Webmuster unter der Oberfläche des Geschehenen und Gehörten zeigen. Haben wir Glück, wird sich das Bild – ein Bild aus Worten – auch nach dem Zuklappen der Zeitung nicht mehr sogleich aus den Köpfen vertreiben lassen. Es war deshalb kein Zufall, daß die große Sozialreportage nach einem Taucher just dann ein Comeback erlebte, als der scheinbar übermächtige Konkurrent Fernseher bereits in jedem Wohnzimmer stand: in den sechziger Jahren.

Erstaunlicherweise hatte sich die Sozialreportage bei ihrem Comeback kaum verändert. Sie bediente sich noch immer der gleichen Stilmittel wie in ihrer Blütezeit in den zwanziger und dreißiger Jahren. Das waren die schmucklosen Sätze, die das subjektiv Erlebte schildern. Da war die gleiche Überzeugung: Der Mensch interessiert sich vor allem für den Menschen. Und dazu gehörten, wie es uns die großen Reporter der zwanziger und dreißiger Jahre vorgemacht haben, nicht mehr ausschließlich die Gestalten der Zeitgeschichte, die Verantwortlichen und Handelnden, sondern auch die »Behandelten« und Betroffenen. Wie früher Theodor Herzl, Anton Kuh, Bruno Frei, Else Feldmann, Marianne Pollak und Therese Schlesinger, um nur einige zu nennen, die im Buch »Sensationen des Alltags – Meisterwerke des modernen Journalismus« genannt sind, rückten auch die Reporter der sechziger Jahre die Opfer in den Mittelpunkt des Geschehens, schoben sie ins Rampenlicht, wurden ihr Sprachrohr.

Mit einer derart persönlichen, gewissermaßen mitfiebernden Sicht konnte man in den angelsächsischen Ländern seit jeher weniger anfangen. Dort blieb die Reportage vor allem nachrichtlicher Ereignisbericht. Aber als sie sich schließlich von diesen Fesseln befreite, explodierte sie in einem Individualismus, der oft vor nichts mehr zurückschreckte: Jeder sein eigener Tom Wolfe! Diese neue Freiheit beflügelte wenig später auch unsere Reporter und Reporterinnen. Sie bekam nicht jedem und jeder gleich gut. Unter Freiheit verstanden jetzt viele einen Freibrief, um sich, wie es so schön heißt, selbst »voll und ganz einzubringen«. So manche Reportage, auch sozialkritische Reportage, wurde zum »Ich«-Marathon, bei dem man alles über den Autor und nichts über das Ereignis erfuhr. Fiktives mischte sich mit Faktischem, Vergangenheit mit der Gegenwart. Manches Jungtalent schwang sich mit seinen Texten in schwindelnde Höhen und fand danach kaum mehr zur Erde zurück. Wagten es der Redakteur oder die Redakteurin, diesen sprachlichen Wildwuchs zu beschneiden, wurde ihm oder ihr berufliches Unvermögen und Mangel an Literaturverständnis ins Gesicht geschleudert sowie mit der Abwanderung in ein Zeitgeistmagazin gedroht.

Aber es gab auch neue Höhepunkte, wo die Reportage die Grenzen der Literatur streifte. So wie in der Schweiz beispielsweise bei Niklaus Meienberg oder in Deutschland bei Marie-Luise Scherer, um nur zwei zu nennen. Doch Qualität braucht Zeit, und beide haben sie sich genommen. Auch Kisch, der angeblich Rasende, nahm sie sich. Seine Reportagen wurden keineswegs am Ort des Geschehens in die Schreibmaschine geschleudert und abgeschickt. Sie waren das Ergebnis einer tagelangen Suche nach dem richtigen Wort. Kisch sah sich auch nicht nur als Reporter, sondern als »sozial bewußter Schriftsteller der Wahrheit«, der die »Besinnung seiner Künstlerschaft nicht verlieren« dürfe.

An Kunst auch nur zu denken wagt heute kein Reporter mehr. Im Gegenteil, er muß froh sein, wenn es ihm gelungen ist, einen packenden Einstieg und einen tragenden Schluß zu finden. Und wenn er vor Redaktionsschluß noch Zeit hat, um störende Wortwiederholungen auszumerzen, die unförmigsten Satzgebilde zu zertrümmern oder einen Stolperstein aus dem Wortfluß zu schieben. Auch sind wir Journalisten gegenüber mißtrauisch geworden, die sich mit der erklärten Absicht an den Schreibtisch setzen, aus ihrer Reportage Literatur zu machen. Zu leicht verfallen sie in feuilletonistisches Wortgeklingel, zu deutlich ist ihr Anspruch zu spüren, daß ihr Werk eigentlich zu schade für die Zeitungsseiten ist und zwischen Buchdeckel gehört. Vor allem aber: Wie groß ist die Gefahr, vor lauter Gestaltungswillen wegzulassen, was zwar wichtig, aber sperrig ist und der Ästhetik zuwiderläuft?

Nun hatte auch die seriöse Reportage bei Faktengläubigen schon immer einen schlechten Ruf. Und bei Literaten. Karl Kraus nannte die Reporter abschätzig »Kehrichtsammler der Tatsachenwelt«. Und noch heute sehen sich die Reporter als eine Art minderer Journalist und Verfälscher der Tatsachen hingestellt. Wieviel wertvoller ist eine seriöse, zahlengestützte Analyse als ein subjektiver Augenzeugenbericht! Wie ungleich aussagekräftiger ein fundierter Leitartikel über das Verschwinden der Regenwälder als eine Reportage über Brasiliens leibeigene Bauern. Mag sein. Aber im Gedächtnis haftenbleiben wird die Reportage. Nur sie, und nicht der Verlautbarungsjournalismus, weckt das Interesse am Sujet. Gerade weil sie subjektiv ist. Subjektiv sein muß. Das führt dazu, daß jede Reportage, die zu ihrer Subjektivität steht, ungleich glaubwürdiger ist als eine, die vorgibt, die objektive Wahrheit widerzuspiegeln. Um es mit Emile Zola zu sagen: Eine Reportage ist »ein Stück Natur, gesehen durch ein Temperament.«

In diesem Temperament liegt, meiner Meinung nach, auch der Grund dafür, warum man Reportageschreiben nicht lernen kann. Was für den einen gilt, ist für den andern falsch. Schon das Materialsammeln ist Temperamentsache. Kämpft man mit dem Zweihänder oder mit dem Holzhammer? Gehört man zu den stillen Mäuschen, die scheinbar ratlos herumstehen und sich dümmer stellen, als sie sind? Oder gehört man zu den Draufgängern, die zielbewußt auf den Protagonisten losstiefeln und ihn mit ihren harten Fragen bedrängen? Läßt man seinen Text auf sachte Art anrollen, oder wirft man sich gleich mitten ins Getümmel?

Gerade weil die Reportage die sehr persönliche Sicht erlaubt und von deren Farbigkeit lebt, muß diese Sicht durch Tatsachen gestützt werden. Nur der schmale Steg zwischen Tatsache und Tatsache ist zum Tanze freigegeben, sagte Egon Erwin Kisch. Dieser Zwang ist unser Glück. Denn nichts ist stärker als die Kraft der nackten Fakten und der ungeschminkten Aussagen. Das läßt sich leicht an einem kleinen Experiment nachprüfen. Wer aus dem Gedächtnis eine Äußerung aufschreibt und sie später mit dem an Ort und Stelle notierten Satz vergleicht, wird überrascht sein von der Kürze und Prägnanz der tatsächlich gesprochenen Worte.

Das bedeutet: Aufschreiben, Aufschreiben, Aufschreiben! Notizen helfen weiter, wenn die brillante Assoziation ausbleibt oder sich die ästhetische Vollkommenheit nicht einstellen will. Denn es sind die tausend am Ort des Geschehens notierten Kleinigkeiten, die später das Kolorit der Reportage ausmachen. Nicht daß es heiß im Todestrakt ist, will der Leser wissen, sondern daß der Gefangene auf seiner Pritsche blinzelt, weil die Schweißtropfen durch seine Brauen rinnen. Nicht daß das Essen im Todestrakt ungenießbar ist, mag der Leser hören, sondern daß der zum Tod Verurteilte sagt, das Huhn schmecke wie gesottener Karton. Ich habe mich oft für mein fleißiges, anfängerhaftes Notieren geschämt, weil die Kollegen, zufällig an der gleichen Reportage, nur hin und wieder lässig ein Wort auf ein klitzekleines Notizblatt warfen. Doch zu Hause, im Kampf um die Anschaulichkeit einer Situation, war ich noch immer dankbar für diese Details, die das Wesentliche einer Aussage unterstreichen.

Schon immer haben die sozialkritischen Reporter versucht, sich durch besondere Originalität Gehör zu verschaffen. So beschrieb Alfred Polgar die Schrecknisse des Krieges nur anhand von Geräuschen. Auch die Stoffauswahl zeugte vom Bestreben, Interesse zu erwecken. Max Winter, der Vater der Wiener Sozialreportage, der stets im Schatten des begnadeten Selbstdarstellers Kisch stand, kroch vier Stunden lang durch die Wiener Kanäle, um die Arbeit der Kanaltrotter zu zeigen. An anderen Ideen dagegen haben sich Heerscharen von Journalisten so lange versucht, bis sie zu Gemeinplätzen wurden. So gehörten die Stimmungsberichte aus der Wärmestube früher ebenso zur Pflichtreportage aller Sozialkritiker wie heute das Thema »Weihnachten bei der Heilsarmee«.

Früh beliebt war auch die Praktik, in die Haut der Betroffenen zu schlüpfen. Einer der ersten, die das gewagt haben, war der bereits erwähnte Max Winter. Als Landstreicher verkleidet, ließ er sich ins Wiener Polizeigefängnis werfen. Auch für seinen Besuch bei den Obdachlosen hatte er die passende Garderobe parat. »Den Kragen meines alten Lodenspenzers aufgestülpt, den verstaubten Filz in die Stirn gedrückt, die Hände in den Taschen der Sommerhose vergraben, so stehe ich dort und friere in den Füßen.« Die Vorteile liegen auf der Hand. Der Reporter kommt an Orte, die ihm sonst verschlossen blieben. Und die Recherche ist, abgesehen von gewissen Unbequemlichkeiten, verhältnismäßig einfach. Man läßt sich in den Strom des Geschehens einschleusen, genießt vielleicht sogar insgeheim den Reiz des Rollenwechsels und verfügt auch noch über einen natürlichen Handlungsfaden, dem entlang man seine Geschichte ranken lassen kann.

Trotzdem: Seit Günther Wallraff sich in den sechziger Jahren erst als Reporter ins Boulevardblatt *Bild* und später als Türke ins Gastarbeitermilieu schmuggelte, hat die Originalität der Idee gelitten. Da waren zu viele Nachahmer, die auf zu aufdringliche Weise auf das »Wow!« des Lesers warteten. »Wow – der traut sich aber!« als Tellerwäscher in der Fast-Food-Kette zu malochen. »Wow – die wagt was!« als Stripperin im Bordell aufzutreten. Das Unbehagen wurde dadurch verstärkt, daß viele Journalisten derart hingerissen von ihrer Selbstdarstellung waren, daß diese die Information überschattete. Zudem grenzt es immer an Voyeurismus, sich inkognito in fremde Leben zu schmuggeln, nur um noch bequemer und näher beobachten zu können.

Auch handwerklich gesehen bleibt das »Wallraffen« unbefriedigend. Die Wahrnehmung ist beschränkt und ganz dem Zufall überlassen. Man kann sich nicht frei bewegen, kann nicht einzelne Menschen ansprechen, die tatsächlich eine gültige Beziehung zum Thema haben. Statt dessen müssen wir uns – schon, um nicht aufzufallen – mit den Personen begnügen, die uns zufällig über den Weg laufen.

Es mag sein, daß unter dem großen Zeitdruck die sozialkritische Reportage in den Printmedien heute formal weniger anspruchsvoll geworden ist. Keiner hat mehr Zeit, die Wirklichkeit mit Kunst zu adeln, wie es Kisch forderte. Dafür müssen die Fakten genauer als früher sein. Heute kann jeder selbst im Internet nachprüfen, ob der Name des Flusses auch richtig geschrieben und der Staat wirklich 1948 gegründet worden ist. Stimmen solche Daten nicht, mißtrauen die Leser auch dem Rest der Geschichte. Und auf der Redaktion gehen höhnische Briefe der Art ein: »Wenn ihr Mitarbeiter nicht mal richtig recherchiert hat, wie viele Millionen Schwarze in Südafrika leben, wie soll ich ihm denn sein Gewäsch über die immer noch bestehende Rassendiskriminierung abnehmen?«

Das heißt: Vorrecherchen im Archiv sind wichtiger denn je geworden. Ich selbst habe lange Jahre, in einer Art journalistischem Hochmut, auf diese Informationsquelle verzichtet. Dies, weil ich mir die Unverstelltheit des Blickes und die Frische der Eindrücke bewahren wollte. Inzwischen muß ich zugeben, daß vorgängiges Wissen unerhört beruhigt. Man verliert weniger Zeit, wenn man weiß, wohin die Reise inhaltlich geht. Man fragt präziser und zielgenauer. Man beginnt nicht mehr bei Null, sondern weiß, was bereits zum Allgemeinwissen gehört und wo die Kreuzungen liegen, auf denen man unter Umständen auf überraschende Weise abzweigen könnte. Vorwissen schützt auch gegen das flaue Gefühl im Magen, wenn am ersten Tag gar nichts geht und man tatenlos im Hotel auf den versprochenen Rückruf wartet.

Allerdings: Relativierendes Vorwissen raubt einem auch viel von den schönen Vorurteilen, deren Drive beim Recherchieren nicht zu unterschätzen ist. Es ist beileibe nicht nur Mitgefühl, das einer Reportage Leben einhaucht. Es kann auch die Wut sein. Obwohl sich diese später im Text nicht mehr offen zeigen darf. Denn die moderne sozialkritische Reportage ist kühler geworden. Der Gedanke an deklarierte Schuldzuweisungen ist uns heute ebenso fremd wie der Gedanke, Journalismus »in eine pädagogische Disziplin« umzufunktionieren, wie dies Brecht von der Kunst verlangte. Oder die Reportage nicht nur als Kunst-, sondern ausdrücklich auch als Kampfform zu sehen, wie es Kisch 1935 auf dem Internationalen Schriftstellerkongreß in Paris forderte. Das war zwar schon damals umstritten und brachte Kisch den Vorwurf ein, ein »literarischer Lieferant politischen Propagandamaterials« zu sein. Heute aber könnte ein Reporter keine einzige Zeile veröffentlichen, der seine Absichtserklärungen so plump auf den Tisch legen würde.

Der Leser ist allergisch gegen Polemik geworden. Und noch viel weniger mag er einen erhobenen Zeigfinger sehen.

So läßt sich heute das Wesen einer mißglückten Sozialreportage gerade an ihrem offenen Moralanspruch ablesen; sie ist sicheres Zeichen für mangelndes journalistisches Können. In der Schweiz nennen wir diese Art von Journalismus »Sozialarbeiterinnenprosa«. Das ist unfair. Obwohl gesagt sein muß, daß es öfter Frauen sind, die den Wunsch haben, die Dinge zu verbessern. Sie lassen sich leichter von sozialen Mißständen berühren, wollen öfter Verletzungen der Menschenwürde aufdecken. Die Männer dagegen haben bald gemerkt, daß sie mit sozialkritischen Themen keine Lorbeeren ernten – weder auf der Chefetage noch bei der Leserschaft oder den Kollegen. Männer drängt es eher zum ultimativen Politikerinterview, wo ein Abglanz des Promilichtscheins auch auf ihren Scheitel fällt.

Die Crux der Sozialarbeiterinnenprosa ist, daß ihre Verfasserinnen – aber durchaus auch Verfasser – bessere Menschen als Journalisten sind. Sie kämpfen mit Worten, die ihnen ihr redliches Herz als Ausdruck größten Entsetzens eingibt. Dazu gehören die Begriffe »empörend«, »unvorstellbar« und »grauenhaft«. Fatalerweise bewirken sie just das Gegenteil. Sie nehmen einem Text jegliche Kraft. Machen aus einer umfangreichen Sozialreportage ein dünnes Pamphlet. Reduzieren eine Woche Arbeit auf die Aussagekraft eines Flugblatts. Denn wer ungefiltert seine Sympathie zeigt, ist Parteigänger und somit unglaubwürdig.

Besonders die Literaten unter den Journalisten haben Gefühlsausbrüche und Schuldzuweisungen in ihren Texten immer vermieden. Sie übten Sozialkritik ohne begleitende Moral, weil sie um deren herabmindernde Wirkung wußten. Und so lieferten sie statt billigen Entsetzens starke Fakten und Eindrücke. Es ist das Beschreiben der Situation, das im Leser die Empörung auslöst, nicht das schwache Wort »empörend«. Niemand hat die Wirksamkeit dieses Rezepts besser beschrieben als Tschechow. Wessen Herz, so sagte er sinngemäß, voll ist vom Unrecht der Welt, der nehme sich beim Schreiben ganz zurück. Je stärker das Geschehen, desto zurückhaltender werde die Sprache. Erst, wenn der Autor mit seinen Gefühlen dem Leser nicht mehr das Hervorbringen eigener Gefühle abnimmt, erst dann wird der Funke des Zorns überspringen.

Noch nie in all meinen Berufsjahren habe ich Tschechows Rat so dringend benötigt wie letztes Jahr, als ich meine sechzehn Reportagen rund um die Todesstrafe in Amerika schrieb. Denn es gibt wohl keinen Ort auf der Welt, wo Menschen so viel Macht über andere Menschen ausüben wie im Todestrakt. Wo sich Willkür derart ungestraft austoben darf. Aber es hilft nichts, danach hilflos zu stammeln oder sich in Politikerentrüstung zu flüchten. Vielmehr muß man die eigenen Mordgelüste, die einen befallen, zum Nutzen der Sache in distanzierte Kälte umwandeln und sachlich darlegen, daß im Todestrakt das Frühstück nachts um drei serviert wird, das Mittagessen um zehn Uhr morgens und das Nachtessen nachmittags um drei, damit der Tag für die Gefangenen ja recht lang wird. Man muss beschreiben, dass beim Duschen der Strahl bald eiskalt aus der Decke stürzt, bald siedendheiss, ohne dass die Männer die Wassertemperatur regeln können. Und dass die Zellen, nach einer der wöchentlichen Durchsuchaktionen aussehen wie nach einem Einbruch: Fotografien wurden vom Gestell gefegt, die am Boden für den Anwalt ausgelegten Akten mit einem Fusstritt in die Ecke befördert.

Ebenso empfindlich wie auf Polemik reagieren wir heute auf einen kommentierenden Schluss, der sicherstellen soll, dass die Botschaft auch in die richtigen Bahnen gelenkt wird. Wenn der Leser am Ende einer Reportage noch nicht gemerkt hat, wie ein Text gemeint ist, dann zeugt das nicht von seiner Begriffstutzigkeit, sondern von der Schwäche der Reportage. Auch grosse Reporter und Reporterinnen sind vor dieser Gefahr nicht gefeit. Selbst einer Klara Mautner gingen bei ihrem eindrücklichen Bericht über die Wiener Tuberkulosenfürsorgestelle, geschrieben 1919, die Gefühle durch. Es ist anzunehmen, dass schon damals die sprachlich Sensibleren unter ihren Lesern allergisch auf soviel Moral reagierten. Heute würde der letzte Abschnitt ihrer Reportage wohl auf jeder Redaktion gestrichen. Er lautet: »Tausend sieche Körper, tausend verkrümmte Kinder, tausendfach erstickte Lebensfreude sprechen den Fluch, den Fluch über den Krieg und das Elend, das er uns gebracht. Und wer einen Nachmittag in der Tuberkulosenfürsorgestelle verbracht hat, der wird sehen, dass alles, was geschieht, nur ein leiser, leiser Anfang ist, ein Anfang der Sühne für die ungeheure Schuld, die unsere Gesellschaft auf sich geladen gegen die unglücklichen und unschuldigen Kranken.«

Selbst heute ist es so, daß die Sozialreportage weniger an technischen Mängeln leidet, denn darunter, daß sich Menschen mit zu viel, zu wenig oder falschen Gefühlen mit ihr befassen. Gemeint sind nicht nur die Eifrigen, die den Lesern ihre Emotionen aufzwingen, die nur strahlende Helden und miese Schufte kennen. Gemeint sind auch die robusten Macher, deren Spezialität Katastrophen aller Art sind. Um die Reibungsverluste ihrer Kräfte klein zu halten, haben sie den Maßstab des glatten Magazinjournalismus auch zum Maßstab für ihre Reportagen gemacht. Sie sind in einer Stunde reisebereit; nichts kann sie überraschen, weil sie ohnehin schon alles kennen. Jedes Thema haken sie mit kalten, bewährten Klischees ab; gewandt schwindeln sie sich über Untiefen. Und nach vier Stunden am Computer ist die Geschichte im Kasten. Vielleicht waren sie nicht immer so robust. Doch schließlich hat sie der Zwang, heute über Verhungerte in Afrika und morgen über Rebellenkämpfe in Sierra Leone zu schreiben, dazu gemacht.

Schädlicher für die Sache der Sozialreportage als diese Abenteurer sind jene Reporter und Reporterinnen, die Gefühle, die sie nicht empfinden, mit Sentimentalitäten ersetzen. Da ihre Anteilnahme geheuchelt ist, bleibt ihre Sprache flau. Da sie spüren, wie flau ihre Sprache ist, verstärken sie sie mit Polemik. Dabei merken sie nicht, daß gerade bei sozialkritischen Reportagen der geringste falsche Ton geradezu unanständig kreischt und damit die Leserschaft in die Flucht jagt. Das könnte uns gleichgültig sein. Wäre es nicht so ärgerlich. Denn mit ihren Produkten höhlen sie nicht nur die ohnehin beschränkte Gutwilligkeit der Leser in Sachen Sozialreportage aus. Sie verderben auch den Markt. Ein Chefredakteur, dem ein solches Stück ins Blatt gerutscht ist, wird sich hüten, so bald wieder seine Seiten für die Not auf der Welt zu öffnen.

Manchmal ist der Lohn für soviel Mühe und Pein gewaltig. Denn Sozialreportagen können Leben ändern. Sie können einen Menschen, der wegen Mordes in der Todeszelle sitzt, seine Freiheit wiedergeben. Sie können Geldströme in Hungergebiete lenken und Kinder vor dem Verhungern retten. Und sie können selbst Kriege beenden. Vor 140 Jahren hatte der *Times*-Korrespondent William Howard Russel mit seinen Reportagen über die sinnlosen Angriffe der britischen Soldaten auf das russische Sebastopol ganz England aufgewühlt: Sie wurden zum Beleg für die Verantwortungslosigkeit der Generäle. Später haben die Vietnamfrontberichte der amerikanischen Kriegsberichterstatter einen ähnlichen Umschwung der Gefühle in den Vereinigten Staaten bewirkt. Doch das sind seltene Augenblicke im Leben der sozialkritischen Reporter. Manche dürfen sie erleben. Andere enden als Alkoholiker. Die meisten freilich landen in zweckorientierten Public-Relation-Büros von Kirchen, Sozialwerken, Umweltorganisationen, Blindenvereinen und Versehrtensportverbänden. Von Redaktionen haben sie die Nase für immer voll. Denn Redaktionen sind in ihren Augen nichts als Brutstätten für rückgratlose Zyniker. Dabei ist doch, hält man sich an Kisch, das Schreiben einer

Sozialreportage ganz einfach. Sein Rezept aus dem Jahre 1928 lautete: »Jeder kann sein Bestes leisten, wenn er von einem ehrlichen Willen zur Sachlichkeit und zur Wahrheit beseelt ist und geleitet ist vom sozialen Gefühl, von der Absicht, den Unterdrückten und Entrechteten durch seine ungeschminkte Zeugenaussage zu nützen und zu helfen.« Mit anderen Worten: Das wichtigste beim Schreiben einer Sozialreportage ist die Haltung. Eine vorsintflutliche Forderung in Zeiten, wo Zeitungen Produkte sind, die Verleger Marketingmanager und die Journalisten Kostenfaktoren.

Margrit Sprecher
Olymp der Verkäufer
Wie das Weltwirtschaftsforum aus Davos ein Dritte-Welt-Dorf machte

Professor Klaus Schwab stemmt die Faust ins Gesicht, daß die Goldrandbrille in bedenkliche Schieflage gerät und man von weitem sieht, daß er hier weit unter seinem Wert sitzt. Schwer zu sagen, ob er mehr unter der Aufforderung eines Zuhörers leidet, Psalm 126 zu lesen, oder unter der Frage der grünen Nationalrätin Pia Hollenstein, warum denn keiner die Ausrottung tibetischer Kultur mit Busineß verknüpft.

Tatsächlich hätte der Mann im blauen Blazer und mit dem durchgedrückten Kreuz eines Herrenreiters Wichtigeres zu tun, als sich im Davoser Pfarreizentrum mit Weltverbesserern herumzuschlagen. Schließlich warten zwei Dutzend Regierungschefs und tausend Wirtschaftsführer auf seinen Händedruck. Der Abend mit den Einheimischen mußte trotzdem sein. Denn bisher hatte der Weltforumsgründer und Davoser Ehrenbürger geglaubt, sich auf seine Davoser verlassen zu können wie auf langjährige Dienstboten. Jetzt bockten selbst hier ein paar Fromme, vom Geschrei der Forumsgegner aufgeschreckt.

Den meisten Einheimischen freilich ging die kirchliche Veranstaltung »Ethik und Macht in der Wirtschaft« zu weit. Wer in Davos, wo grundsätzlich jede Baubewilligung erteilt wird, an der Ethik der Wirtschaft zweifelt, kann gleich ein Ticket Zürich einfach lösen. In vorauseilendem Gehorsam hatten die Davoser das Auflegen kongreßkritischer Schriften verboten, sogar im Kirchengemeindehaus. Und eifrig, wie von der Polizei ermuntert, denunzierten sie ihnen optisch verdächtig scheinende Gäste als mögliche Globalisierungsfeinde. In Davos hilft man den Armen, indem man die Reichen stärkt. Sagte auch Graubündens Polizeidirektor Peter Aliesch, der Klaus Schwab als neuen Martin Luther King pries.

Um so unverständlicher empfand der stramm kapitalistische Ort den Rückenschuß Amerikas: Riet es doch seinen Bürgern der erwarteten Unruhen wegen von einer Reise ans Weltwirtschaftsforum ab. Zwar waren auf dem letzten Kongreß nur eine McDonald's-Scheibe in die Brüche und ein Polizist – Berufsrisiko – zu Boden gegangen, doch um sich und seine Mannen ins rechte Heldenlicht zu rücken, heizte der oberste Polizist Peter Aliesch die Stimmung wochenlang im voraus an: »Der größte Polizeieinsatz seit 1803!« bis sich schließlich selbst im fernsten Italien und Polen Demonstranten auf den Weg nach Davos machten. Und weil Peter Aliesch nicht nur tausend schwerbewaffnete Polizisten und maskierte Soldaten zum Schutz des privaten Kongresses orderte, sondern auch gefüllte Jauchefässer, bestärkte dies die Amerikaner in der Auffassung: Davos befand sich sicherheitsmäßig auf der Stufe der Dritte-Welt-Länder Osttimor, Kirgistan und Somalia.

Optisch freilich war was dran. Die Hauptgeschäftsstraße war mit Holzbrettern gegen feindlichen Beschuß verschalt wie in einem afrikanischen Bürgerkrieg. Davos besaß keinen Himmel mehr, sondern einen Luftraum, durch den die Militärhelikopter knatterten. Das Spital hieß Lazarett und rechnete »mit massivem Patientenanfall«. Die ersten Stockwerke wurden zu »sicheren Standorten«, falls es »zum Einsatz schwerer Mittel« käme. Soldaten stürmten im Laufschritt aus Toilettenunterführungen, auf den Dächern hoben sich im Schneetreiben die Silhouetten der Scharfschützen ab. Und die wenigen Sportler, die mit geschulterten Ski den Liften zustrebten, wirkten, als hätten sie sich an die Front verirrt.

Zudem erlebte Davos, wie jedes Land, das sich einer Supermacht ausliefert, alle Folgen der Globalisierung. Die Kongreßlimousinen kamen aus Zürich und Genf, die Handwerker und Techniker aus Paris. »Die Besten von überall«, sagte Kurt Schwab. Es sind auch die billigsten. Darf trotzdem hin und wieder ein Davoser Hand anlegen, läßt man ihn bis ein Jahr um die Bezahlung betteln. Auch Hoteliers sind unter den Opfern der Globalisierung, die die Reichen reicher und die Armen ärmer macht, natürlich auf Schweizer Niveau. Die Luxushotels der internationalen Hotelketten wie Steigenbergers »Belvedere« und »Sheraton« scheffeln während der fünf Forumsnächte zehn Prozent ihres Jahresumsatzes: In ihren Suiten und Stübli überschlagen sich die gastronomischen Ereignisse ebenso wie die Schulden der Dritten Welt. Lokale Besitzer kleinerer Hotels wie René Ammann dagegen klagen über teure Krawallzusatzversicherungen und häßliche Belegungslücken vor und nach dem verlängerten Forumswochenende. Zudem empfand er seine Kunden emotional als unbefriedigend. Die Geistergäste verschwanden morgens in aller Herrgottsfrühe und erschienen erst nach Mitternacht wieder.

Dennoch halten die Einheimischen tapfer daran fest, unabhängige Gastgeber zu sein. Sie nehmen große Umwege in Kauf, um die Herren im Kongreßzentrum nicht zu stören bei ihren privaten Geschäften, die unser aller Leben bestimmen. Sie weichen ohne zu murren den Schneematschfontänen der Wagen aus, die im Autobahntempo auf das Kongreßhaus oder das Hotel zubrausen, ohne daß eine Polizistenhand nach dem Bußzettel zuckt. Sie lassen sich die obszöne Geste des World-Economic-Forum-Chauffeurs im obligaten Audi 100 gefallen, der in verkehrter Richtung durch eine Einbahnstraße jagt und einen Fastzusammenstoß mit einem einheimischen Toyota baut. Und wenn ihnen die Herren zufällig zu Fuß und zu dritt auf dem Trottoir entgegenkommen, drücken sie sich ebenso bereitwillig an die Mauer wie das Zimmermädchen im Hotelkorridor.

Nach dreißig Jahren Wirtschaftsforum unterscheiden die Davoser mit geübtem Auge die wichtigen von den weniger wichtigen Teilnehmern. Zwar ist die Schrift auf den Namensschildern so klein, daß man jegliche Höflichkeitsdistanz überwinden muß, um zu lesen, mit wem man an der Bar steht. Doch es ist ohnehin die Farbe, die zählt. Schwarze oder orangefarbene Namensschilder verdienen höchstens Mitleid oder Verachtung: Es handelt sich um technisches Personal oder mindere Medienvertreter. Ein weißes Badge dagegen bedeutet meist Boß eines Betriebs mit einem Mindestumsatz von einer Milliarde Dollar. Natürlich heißt weiß nicht auch gleich sauber. Etliche der Anwesenden vertreten Firmen, denen man den Prozeß macht.

Weil das Geschäftsleben tatsächlich immer undurchsichtiger wird, lautet das Lieblingswort des Kongresses »Transparenz«. Das Kongreßgebäude ist ausgeleuchtet und mit Mikrofonen bestückt wie der »Big Brother«-Bunker. Keine Geste, kein Wort bleibt unbemerkt, und wer will, kann alles auch im Internet nachlesen: Seht her, so offen geht es bei uns zu und her! Auch wollen alle nur das Beste für die Menschheit, und das heißt Globalisierung. Wir müssen lernen, daß das mobile Kapital weder Treue noch Vaterland oder Gnade kennt, und je eher wir das kapieren, desto besser für uns.

Natürlich hat Professor Schwab, der früher darauf bestand, mit allen Doktortiteln angeschrieben zu werden, auch dieses Jahr ein paar handsortierte Globalisierungsgegner eingeladen. Es waren, ganz im Zeichen der Zeit, mehr als früher. Doch die Befürchtung der Davoser, das Forum werde links unterwandert, erwies sich als unbegründet. Viele Teilnehmer nutzten die langfädigen Reden von Gewerkschaftsvertretern und Umweltorganisationen, um im Vorraum die Treffen zu vereinbaren, derentwegen sie tatsächlich gekommen sind. Denn das wirklich Wichtige, zum Beispiel der Damm in der Türkei, der eben jetzt 200.000 Menschen aus ihrer Heimat vertreibt, wird natürlich nicht im Kongreßzentrum geplant, sondern in einer Hotelsuite.

Regierungschefs dagegen fahren immer seltener nach Davos. Man kann sie verstehen. Hier prangen sie nicht, wie gewohnt, im Mittelpunkt;

hier müssen sie sich damit begnügen, den Anlaß als Statisten aufzupeppen. Politiker gelten hier vor allem als Spielverderber, die mit ihren lästigen Normen den flotten Gang der Geschäfte verhindern, glücklicherweise aber mit der Drohung erpreßbar sind: »Wenn die Regierung nicht spurt, verlagern wir Produktion und Firmensitz ins Ausland.«

Auch ist ihr Erfolg gewissermaßen ein zweitklassiger: Sie schulden ihn dem Volk und der Partei. In Davos dagegen applaudiert man den Helden, die ihren Aufstieg durch eigene Leistung, ihr Verkaufstalent, schafften. Ministerpräsidenten, die trotzdem ans Forum reisten, haben es nötig. Der Japaner Mori muß ebenso um Vertrauen für sein Land buhlen wie sein mexikanischer Kollege Fox, der Südafrikaner Mbeki, der Palästinenser Arafat und der Serbe Kostunica. Ganz zu schweigen von den vielen Vertretern jener fernen Länder, die oft nur mit Mühe die Kongreßgebühr von 40.000 Dollar zusammenkratzten und jetzt im Hotelzimmer picknicken. Im Coop beladen sie den Einkaufswagen so voll mit Rotweinflaschen, Salami und Brot, daß die Räder ächzen. Und dies alles, um einen der Wirtschaftsbosse zu Investitionen in ihrer Heimat zu bewegen. Zu bieten haben sie willige, billige Arbeitskräfte, diskrete Steuerbehörden, fehlende Umweltschützer und eine schlagkräftige Polizei.

Delegierte, deren Heimat bereits mit Rüstungsgütern, Kraftwerken, Fabriken, Bewässerungsanlagen und den Ratschlägen der Weltbank beliefert wurden, erkennt man daran, daß ihr Kamelhaarmantel maßgeschneidert ist und die

Golduhr satt auf der samtenen Haut glänzt. Wie befohlen, haben sie die Schulen kostenpflichtig gemacht und die Subventionen für Grundnahrungsmittel wie Mais und Reis aufgehoben. Dafür ist ihr Land jetzt nicht mehr arm, sondern am Ende. Seit dem letzten Wirtschaftsforum im Jahre 2000 ist die Verschuldung der Dritte-Welt-Länder um ein Drittel gestiegen, und dies, obwohl die Weltbank kürzlich in 33 Fällen ihren Würgegriff leicht lockerte, damit ihr die Schuldner nicht unter der Hand wegstarben. In der Kongreßsprache heißt das »temporary discomfort«.

Doch der Geist von Davos wehte auch im Januar 2001 von Tag zu Tag kräftiger. Hier, hoch über der Nebelgrenze und mit Sicht aufs frisch verschneite Jakobshorn, können die Wirtschaftsbosse endlich vergessen, daß sie nur Topverkäufer und Erfüllungsgehilfen der Shareholder sind. Hier fühlen sie sich als die wahren Herren der Welt. Und um den Nachwuchs muß niemand bangen. Einer der Jungstars auf dem Kongreß, ein Mann aus Bangladesch, hat es eben fertiggebracht, den Bauern seines Landes Tausende von Handys anzudrehen, für die sie fast soviel bezahlten wie für eine Kuh.

Der unsicher flackernde Blick Kurt Schwabs beruhigte sich zusehends und machte einem zaghaften Trotz Platz. Die Trophy-Wives shoppten nicht nur in den Vitrinen ihrer Hotels, sondern wagten sich wieder auf die Straße und an den Autoschleuderkurs auf den gefrorenen See. Und die Journalisten und Schweizer Politiker schlemmten im Kongreßhaus wie Kinder am Dessertbuffet: Joschka Fischer schon zum Frühstück, zum Mittagessen Kofi Annan und abends Bill Gates. Schwindlig von soviel Höhenluft, den Glanz der gehabten Begegnungen noch im Auge, sprachen sie begeistert in die Fernsehkameras und behängten den Kongreß mit vielen schmeichelhaften Adjektiven.

Selbst die angekündigte Demonstration verlief traulich. Ahnungslos marschierten die Forumsgäste hinter dem mageren Protestzüglein in ihr Hotel zurück und sprachen dabei über das Wetter. Keiner achtete auf die dünnen Protestrufe vor ihnen, zu groß war ihre Sorge, in ihren handgenähten Halbschuhen in eine Schneewächte zu treten. Erst im Hotel Flüela zeigte ein Forumsteilnehmer leise Anzeichen von Unmut: Sein Handy funktionierte im Vestibül nicht.

Weltwoche 2001

Margrit Sprecher
Die Minenräumer
Bei keiner andern Arbeit liegen Heldentum und Dreck, Gefahr und Langeweile so nahe beieinander

Hier nach Minen zu suchen scheint so absurd wie die Ambulanz, die in der Waldlichtung steht. Zu blau leuchtet der Herbsthimmel, zu bunt sind die Bäume, und sacht zittern die Blumen auf der Almwiese im Wind. Weit und breit kein Haus, kein Weg, kein Mensch. Nur dichte Wälder, bergauf und bergab. Und ein Wesen mit heruntergeklapptem Visier auf dem Bauch, das mit einer Schere Gräser und Sträucher köpft, sie nicht einfach an der Wurzel wegschneidet, sondern zentimeterweise von der Spitze herunterkürzt. Nach drei Stunden ist die Schneise ins Dickicht einen Meter länger.

»Unten im Tal geht's rascher«, sagt Chris North. Dort flattern die rot-weißen Absperrbänder mit den Totenköpfen kilometerlang im Wind, und fleißig tauchen die Helme der Minenräumer zwischen den dürren, staubigen Stauden auf und nieder. Ja, eigentlich könnten sie hier so gezielt nach Minen graben wie nach Kartoffeln. Denn auf dem serbischen Minenplan sind die Minenreihen in geraden, langen Linien eingezeichnet. Der Plan besteht aus einem vorgedruckten Blatt, wie es jede reguläre Armee ausfüllen muß, die Sprengkörper legt. Doch Einsatzleiter Chris North traut den Papieren schon lange nicht mehr. Zu oft fand er auch außerhalb der gezeichneten Grenze Sprengkörper. Und zwischen den Linien. »Es gibt eben«, sagt er verständnisvoll, »in jeder Armee gute und schlechte Zeichner.«

Er muß es wissen, schließlich war er selbst lang genug Berufsoffizier. Auch die meisten andern professionellen Minenräumer hier kommen aus der Armee. Mit 45 in Rente geschickt und an ein Leben als Mann unter Männern gewohnt, schreckte sie die Aussicht auf ein Leben mit Rasenmähen und Wochenendgroßeinkauf so sehr, daß sie einen neuen Job suchten. Er war leicht zu finden. Man mußte nur die Seiten wechseln: Minen suchen statt Minen legen. Zudem ist der neue Job krisensicher: Zu tun gibt's in 70 Ländern, zu entschärfen sind 110 Millionen Minen auf Millionen von Quadratkilometern. Und die Arbeit ist gut bezahlt. Leicht kommt ein Experte auf 10.000 Dollar monatlich, je nach Finanzkraft der Organisation, bei der er anheuert. Chris, bei Handicap International, findet das nicht zu viel: »Sie bezahlen uns mit Geld, wir bezahlen mit unserem Leben.«

*

Die tausend kosovarischen Minenräumer verdienen weniger. Um gegenseitige Lohntreiberei zu verhindern, hatten sich die internationalen Entminungsfirmen auf monatlich 800 DM, die Landeswährung im Kosovo, geeinigt. Das ist nur wenig über dem Durchschnitt und soviel, wie die Mafiabosse im Grand Hotel Priština für zwei, drei Runden Whisky ausgeben.

In einer zwei- bis vierwöchigen Schnellbleiche lernen die Einheimischen vor einer Meßlatte zu knien und mit einem Stock den Grund dahinter zu durchstochern. Alle drei Zentimeter einmal, stets den Dreißig-Grad-Winkel einhaltend, stets darauf gefaßt, auf Widerstand zu stoßen. Die Rüstung drückt, schwer hockt der Helm auf den Brauen. Das aufgeregte Gepiepse des Minendetektors, der jeden Coladeckel anzeigt, darf sie ebensowenig irritieren wie der Unfall eines Freundes. Treffen sie auf etwas Hartes, legen sie das Ding mit bloßen Händen frei, bis es nackt, rund und, nach Plastikart, wie neu vor ihnen liegt: eine der 30.000 Minen oder eines der 40.000 Bomblets, mit denen letztes Jahr ihre Heimat verseucht wurde. Die Minen legten die Serben, die Bomblets warf die Nato vom Himmel.

Opfer sind meist Kinder. Sie nahmen den Weg über die Wiese, um nicht zu spät zur Schule zu kommen. Sie hüteten Schafe oder wollten den Esel aus dem Maisfeld treiben. Sie sammelten Pilze oder Holz. Das letzte, was sie sahen, war ein Feuerstrahl. Das letzte was sie hörten, war ein »Bum«. Das »Bum« ist nicht besonders laut, eher ein korrektes »Pop«. Arbeit erledigt. Bei keiner anderen Arbeit liegen Heldentum und Dreck, Gefahr und Langeweile so nahe beieinander. Wer in der Bruthitze das Visier hochklappt, kann beide Augen verlieren. Wer auf dem geräumten schmalen Korridor im Minenfeld stolpert und hinter die Abzäunung fällt, riskiert sein Leben. Wer rasch die Mine ergreifen will, die der Regen schon halb an die Oberfläche gespült hat, übersieht den Draht zu seinen Füßen. Oder die nur unvollständig detonierte Mine explodiert in der Hand, die sie packt. Dann erwacht das Funkgerät auf dem

Campingtisch des Rettungsteams zum Leben: »Medic, medic, medic! Team 4, Linie 2! Verletzungen an Hand und Armen. Noch bei Bewußtsein, stark blutend. Over.«

*

Das Bächlein gluckst hinter der Hecke; traulich breitet der Baum sein Blätterdach über den Halbkreis der Männer. Sie haben die hohlwangigen Gesichter verläßlicher Bergführer und verschleiern mit ihrem Zigarettenrauch die Herbstsonne. Manche sprechen Deutsch. Taf Mataj hat am Gotthard Lawinen gesprengt, ein anderer war Elektriker in Flensburg. Entminen war die einzige Arbeit, die sie nach ihrer Rückkehr im Kosovo gefunden haben. Die meisten freilich halten den Lohn für lächerlich. Nicht nur, weil sie an westeuropäische Gehälter gewöhnt sind, auch gemessen an der Gefahr.

Anne überblickt das Lager, die müßigen Männer, und über ihrer Nase erscheint die wohlbekannte, senkrechte Falte: »Warum machen Sie so oft Pause?« – »Länger als eine halbe Stunde kann sich niemand konzentrieren«, verteidigt sich Chris North. Sie will auch wissen, warum die Russen am schnellsten und am tüchtigsten entminen und ob der Arbeitsbeginn morgens um fünf denn sinnvoll sei. Das sind ungewohnte Fragen in dieser Branche, vor allem aus Frauenmund. Im dänischen Team starren die Männer aus blauen Augen von weit oben auf Annes Scheitel und setzen zu umständlichen Erklärungen an, die Engländer flüchten sich in die Arroganz der Experten. Hier versucht man, sie mit Tee und Biskuits abzuspeisen, dort darf sie auf das stockwerkhohe Entminungsfahrzeug klettern und ein paar Meter damit fahren. Wer weiß, vielleicht beeindruckt sie die Machomaschinerie. Statt dessen scherzt sie gutgelaunt: »Donor's playtime is over«, als sie sich wieder auf festen Boden schwingt. Dann klemmt sie die kurze Locke hinters Ohr, verschränkt die Arme und fragt: »Wie viele Hände ersetzt diese Maschine?«

Als Anne Gloor, noch keine dreißig, vor eineinhalb Jahren das Dossier Minen im Eidgenössischen Departement für auswärtige Angelegenheiten übernahm, bestand dies aus einem Stoß Sichtmäppchen und zwei Ordnern, in denen je ein zufälliges Einzelblatt steckte. Jetzt ist das Minenbudget von drei auf sechs Millionen Franken aufgestockt, und Anne Gloor will wissen, was mit ihren eineinhalb Millionen Franken Spendengeldern im Kosovo passiert. Das ist unüblich. Die meisten Sponsoren verlassen sich auf die Rechenschaftsberichte und sind froh, ihren Platz am Schreibtisch nicht verlassen zu müssen. Annes Mißtrauen ist begründet. In Bosnien stocherte eine Firma gleich viermal dasselbe Gebiet ab; andere ließen viel Geld in dunklen Kanälen versickern. Manche Firmen verlegen sich aufs »mine hunting«, die Minenjagd, um den Geldgebern mit der Zahl gefundener Sprengkörper zu imponieren, und räumen in der Hast nur unvollständig. Andere Firmen trödeln herum.

Nirgendwo auf der Welt freilich balgen sich so viele Organisationen ums Geschäft wie im Kosovo: Es sind neun humanitäre und acht kommerzielle Gesellschaften. Um den Konkurrenzkampf in geordnete Bahnen zu lenken, sah sich das US-Minenkoordinationszentrum in Priština gezwungen, das Land aufzuteilen und die Claims abzustecken.

Tatsächlich wurde noch nie ein Land so zügig entmint wie das Kosovo. Das Gedränge der Wohltäter (zu den Entminern kommen über 450 weitere humanitäre Organisationen) hat Gründe: Für ein sicheres Kosovo bezahlt die Welt gern. Westeuropa drängt auf zügige Rückschaffung der Flüchtlinge, Amerika will das Land möglichst rasch risikolos für den Kapitalismus machen. Auch ist die Arbeit einfacher als anderswo. Hier muß man nicht drei Millionen Minen auf Zehntausenden von unwegsamen Kilometern aufspüren wie in Moçambique. Hier legen die Einheimischen nicht über Nacht neue Sprengkörper ins geräumte Feld wie in Angola, wo die Opfer inzwischen in die Zehntausende gehen. Hier verlief die Front nicht kreuz und quer wie in Bosnien, wo jedermann Minen legte, was bis heute 64.000 Menschen Beine und Arme oder das Leben kostete. Ende 2001, so versichern die Experten, ist das Kosovo das sauberste Land Europas.

*

Das hübsch gebundene Mäppchen, das Anne in die Hand gedrückt wird, blättert sie nur flüchtig durch. Sie hat die Zahlen ohnehin im Kopf. Statt dessen kommt sie, kaum über die Schwelle von Handicap International getreten, zur Sache. Warum ist die französische Wohltätigkeitsorganisation zehn Prozent langsamer als die anderen? Der Projektleiter, ein Feingeist, greift zum Kaffeebecher. Dann schaut er auf seine Timberlands. Aber da offensichtlich vom Schicksal dazu verdammt, Laien stets dasselbe zu erklären, erläutert er schließlich geduldig, daß eben niemand so sicher wie seine Organisation arbeitet; bis heute hatte sie im Kosovo noch keinen einzigen Unfall. Ihre Räumungskorridore ins Minenfeld sind die breitesten, ihre Schutzwesten die dicksten, ihre Rekrutierungsgespräche die ausführlichsten. »Hast du Angst vor Minen?« lautet die erste Frage. Brüstet sich ein junger Macho mit seinem Mut, kommt er für Handicap nicht in Frage. Hier bevorzugt man verantwortungsvolle Familienväter.

Die britische Halo Trust dagegen inseriert lieber in kosovarischen Schulen und schickt blutjunge Räumungsteams ins Minenfeld. Sobald die Pausenpfeife trillert, kommen sie schwatzend und lachend, die gefundenen Minen wie Turnsäcke schwenkend, aus dem verminten Feld. Unter den gelüpften Helmen erscheinen Schulkindergesichter und, man schaut zweimal hin, doch es stimmt: blau schattierte Lider, dicht getuschte Wimpern und heftig umrundete Lippen. Hergerichtet wie für die Disco. Unter jedem dritten kosovarischen Minenräumerhelm stecken bereits die Locken einer Frau. Frauen, so loben die Manager, schämen sich nicht zu fragen, wenn sie etwas nicht verstehen: »Die Männer haben Angst, man halte sie für dumm.« Frauen sind zuverlässiger, vorsichtiger und verantwortungsbewußter, wollen sich und den andern nichts beweisen.

Merita, obwohl erst 19jährig, hat es, wie zwei

andere Kosovarinnen, sogar zur Teamleiterin geschafft. Sie trägt ihr schwarzes, starkes Haar als achtlos gebundenen Pferdeschwanz und horcht aufmerksamer auf das Funkgerät, das aus ihrer Latztasche ragt, statt auf die Fragen. Als sie der Manager als besten Mann seines Teams lobt, errötet sie bis unter die Haarspitzen. Lilly dagegen sieht aus, wie ihr Name klingt: schlank, rank und pikant, Kosovos Antwort auf Laura Croft. Lilly sagt »Bullshit«, wenn sie voller Verachtung gegen das Rad eines untauglichen Fahrzeugs tritt. Keiner hörte sie je mehr als drei Worte sagen. Meist genügt ein einziges, und ihre männlichen Untergebenen spurten davon, um den Zündungsdraht auszurollen oder die Straße abzusperren. Dann schlendert Lilly mit den schweren Schultertaschen über die Wiese, als wär's ein Golfplatz, hin zu den beiden gemeldeten Handgranaten, und installiert den Sprengmechanismus. Eine halbe Stunde später drückt einem die Gewalt der Explosion den Kopf in den Hals.

*

Abends treffen sich die ausländischen Entminer in italienischen Pizzerien, wo sie auf dem karierten Tischtuch Minenfelder einzeichnen und schon um acht auf die Uhr schauen: Arbeitsbeginn ist im Morgengrauen. Selbst der Schwede, der aussieht, als hänge er sich am liebsten direkt an den Faßspund, beläßt es bei einem einzigen Bier.

Viele hier kennen sich von früher. Denn der Minentourismus führt die Fachleute so sicher nach Bosnien, Moçambique und Afghanistan, wie der Jet-Set nach St. Moritz und St. Tropez reist. Nach dem Kosovo wird man sich vielleicht in Kambodscha oder Laos wiedersehen oder vielleicht auch in Belgien, wo noch immer Bomben aus dem Ersten Weltkrieg liegen. Die Erde vergißt keinen Krieg, auch wenn die Länder längst wieder Verbündete sind.

Die Minenräumer leben allein, in Häusern, wo das Treppenhaus fehlt, die Möbel bastelten sie selbst aus Kartonschachteln. Keine der Gattinnen wollte in ein Land mitkommen, wo weder Wasser noch Elektrizität, weder Telefon noch die Polizei funktionieren. Manchmal schwebt eine Ehefrau zur Stippvisite nach Priština ein. Doch die stundenlangen Staus auf den Straßen und die unzähligen Schlaglöcher machen ihr Migräne, die zerschossenen Häuser Depressionen und die Manieren der Einheimischen schlechte Laune. Dann jettet sie wieder nach Hause oder »zum Weihnachtsshopping nach New York«, wie der Schotte mit gespielter Verzweiflung sagt.

Einmal in der Woche kommen die ausländischen Entminer zum offiziellen Erfahrungsaustausch zusammen. Der Betonraum ist kahl und neonbeleuchtet, an der Wand hängen zwei Karten des Kosovo mit rot eingetragenen Minenfeldern. Vor einem Jahr sah sie noch aus wie von entzündlichem Scharlach befallen, jetzt sind aus den roten Flächen Mückenstiche geworden. Alle Stühle sind besetzt, später Eintreffende müssen stehen. Der Leiter warnt vor der zunehmenden Kriminalität. Immer mehr Albaner kommen nachts über die Grenze und wollen am reich gewordenen Kosovo teilhaben. Auf den ersten Blick ist zu sehen, wer zur humanitären und wer zur militärischen Fraktion gehört. Die Humanitären tragen Designerbrillen, dekorative Bärte und locker über die Schultern gelegte Pullover. Die Armeeangehörigen bevorzugen Kurzhaarschnitt, Kurzarmhemden und Hosen mit geräumigen Taschen bis unters Knie. Beide gehen auf vorsichtige Distanz zueinander; man unterhält sich lieber mit seinesgleichen.

Die Wohltätigen stört, daß sie bei ihrer Arbeit auf militärisches Know-how angewiesen sind und just die Leute bezahlen müssen, die schuld an der ganzen Misere sind. Jetzt rächen sie sich auf verschiedenste Weise. Besonders beliebt sind Demonstrationen der eigenen, intellektuellen Überlegenheit: »Jede Woche«, klagt der Schweizer Offizier Christoph Hebeisen, »greift das Arschloch zum Telefon und bemängelt ein vergessenes Komma auf Seite 25.«

Für das Militär dagegen sind die meisten Humanitären weltfremde Goodies. Tatsächlich hegt wer aus der Armee kommt meist keine Zweifel am militärischen Sinn des Minenlegens. Minen machen ihren Job perfekt. »Minen«, sagt Christoph Hebeisen in seinem besonnenen Berndeutsch, »sind Soldaten, die niemals schlafen, niemals Hunger haben und geduldig jahrzehntelang warten, bis einer des Weges kommt.« Hauptmann Christoph Hebeisen, 36, ist einer der drei Sprengstoffspezialisten der Schweizer Armee, jetzt ans Uno-Koordinationszentrum in Priština ausgeliehen. Gefahrenzulage: 20 Franken am Tag. Er trägt seinen Kopf kahlgeschoren, und wohltrainierte Muskeln zeichnen sich unter seinem T-Shirt ab.

Vermutet er moralisches Geschwafel, kontert er gleich mit männlicher Objektivität. Minen, die Waffe der Feiglinge? Nein, die Waffe des armen Mannes. Minenräumen eine Heldentat? Nein, ein Job wie jeder andere.

Nur eines ist Zivilisten und Militär gemeinsam: Beliebtestes Gesprächsthema sind die Unfälle der anderen. Die deutsche Firma Gerbera mußte, ihrer vielen Verletzten wegen, das Feld räumen. Auch bei der englischen ELS gab's zahlreiche Unglücke. Jetzt wechselt die Firma ihren Projektmanager aus. An seinem letzten Abend sitzt der Abgeschobene mit hängenden Schultern da und sagt: »Alle nennen mich Pedro.« Warum? »Ich hatte einen schwarzen Schnauz.« Nun hat er keinen mehr und schaut auch sonst recht unglücklich drein. »Was kann ich dafür«, sagt er, »wenn mir die Uno die besten Leute abwirbt und für einen einfachen Türsteher 2000 Mark bezahlt? Wer will da für 800 Mark sein Leben im Dreck riskieren?« Er tat die Arbeit gern. War gar nicht so verschieden von damals in der Armee: »Acht Stunden täglich im Feld, und der Tag ist vergangen. Buchstäblich.«

*

Der zarte Herbstnebel hebt sich über Stoppelfeldern, Ruinen und Abfall. Hin und wieder scheint es, als führe die Straße mitten durch eine Kehrichthalde. Kühe versuchen zwischen Plastik Gras zu finden, alte Männer stehen mit einem Stock daneben. Anne ist unterwegs zu ihrem größten Sorgenkind, zum einzigen schweizerischen Entminungsteam im Kosovo, dem SFD. Sie unterstützt es mit 500.000 Franken und bekommt dafür zwar stets begeisterte, doch äusserst verwirrende Rechenschaftsberichte. Projektleiter ist der Brite Albert Chapman. Seine Arme schmücken tätowierte Mickymäuse, sein Gesicht ist voll grimmiger Ironie. Albert hat während 27 Jahren für die Navy Unterwasserminen gelegt und entschärft, jetzt gebietet er über ein tapferes Häufchen von 14 Kosovaren, das als fliegende Truppe im ganzen Land Blindgänger entschärft. Albert will sich ja nicht beklagen. Er erwartet nicht, daß ihm die Minenbeobachtungstruppe der UNO künstlerische Lageskizzen schickt. »Aber wenigstens sollten sie wissen, wo Norden ist. Dafür kann ich auf die eingezeichneten Kühe verzichten.«

Auch Albert will vor Anne gute Figur machen. Denn steigt sie aus, ist Schluß mit seinem Team. Die Schutzwesten, sagt er, konnte er aus zweiter Hand erwerben und von 2600 auf 1000 Mark herunterhandeln. Er selbst ist ohne Auto und auf Mitfahrdienste angewiesen. Und vermag er etwas dafür, daß von den fünf Pinzgauern, die ihm die Schweiz schickte, drei die Reise nicht überstanden? Daß auch die zwei Übriggebliebenen dahinserbeln, im Kosovo aber nicht repariert werden können und zudem im Monat Benzin für zweitausend Franken saufen? Aber nein, Albert will nicht jammern. Er blutet, sagt er, »lediglich innerlich«.

*

Die meisten Firmen werben in ihren Büros mit einem zerfetzten Schuh und Fotos von Opfern, deren Bein nur noch aus einem blanken Knochen besteht. Halo Trust hat zusätzlich eine Minenausstellung zusammengestellt. Da liegen die Landminen, harmlos wie Pucks, nach russischem Muster in Exjugoslawien für weniger als einen Dollar pro Stück hergestellt. Es sind einfache Minen. Andere explodieren erst auf Gesichtshöhe. Oder unterscheiden zwischen Freund und Feind. Es gibt Minen, die sich selbst nach drei Tagen oder vier Monaten entschärfen. Solche, die sich wie Blumen der Sonne dem sich nähernden Opfer zuneigen. Und es gibt, die allerneuste amerikanische Erfindung, Minen, die beim Räumen selbständig weiterhüpfen und sich einen neuen, freien Platz suchen. So entwickelten sich vermutlich auch die Insekten.

Amerika muß sich beim Minenlegen nicht ans Ottawa-Abkommen gebunden fühlen, das seit eineinhalb Jahren das Verbot von Landminen fordert. Denn Amerika hat – wie die andern Großen der Welt, Rußland und China, wie Pakistan und fünfzig weitere Nationen – den Vertrag nicht unterzeichnet. Aber eine Unterschrift bedeutet keineswegs, daß das Land minenfrei ist. Die Italiener basteln weiterhin besonders geniale Minen. Und in vielen Ländern kann man Minen auf dem Markt kaufen wie Tomaten.

Anne betrachtet mit Abscheu eine der ausgefransten Clusterbomben, die die Nato über dem Kosovo abgeworfen hat. In ihrem Innern liegen die Bomblets wie die Kerne einer Frucht: Hunderte von Einzelminen, jede einzelne tödlich. Das Durchschnittsalter der Menschen, die eine Clusterbombe beim Abwurf tötet, liegt bei 22, das

Durchschnittsalter derjenigen, die später beim Aufheben der Bomblets sterben, bei 14. »Was sind das für Hirne, die sich so was ausdenken«, sagt Anne. »Überaus clevere«, antwortet Christoph Hebeisen anstelle des britischen Offiziers, der durch die Minenausstellung führt. »Die meisten Länder, auch die Schweiz, verwenden das gleiche System.«

Der Brite, dankbar für die kollegiale Schützenhilfe, nickt: »Genau. Als Soldat war ich froh, so was auf meiner Seite zu haben.« Jetzt muß er sich mit den Folgen beschäftigen: »Bei der letzten Explosion, die ich gesehen habe, war kein Teil der beiden Kinder größer als das« – und er spreizt die Finger seiner Hand. Da er eine sehr dunkle Sonnenbrille trägt, ist nicht zu sehen, ob er diese Sprengkraft bewundert.

Weltwoche 2000

Margrit Sprecher
Kein Anschluß unter dieser Nummer
Warum kann in der Schweiz ein Kind verhungern?

Für das Wettinger Publikum, verwöhnt vom Ferrari-Kindermörderprozeß, der vor einer Woche im gleichen Saal stattfand, verlief der Tag eher enttäuschend. Ja, geradezu öd. Das lag an den unbeholfenen, einfachen Antworten der Angeklagten, die kaum mehr als einen Satz sagte, am liebsten aber ja und nein. Das lag aber auch an den lebensfremden Fragen. Der Gerichtspräsident konnte nicht verstehen, daß man sich am Drogenumschlagplatz Letten nicht gegenseitig mit Vornamen und Namen vorstellte. Eine Richterin fragte ihn vorwurfsvoll naiv wie in der Haushaltungsschule: »Und am ersten Morgen auf dem Letten – haben Sie da nicht daran gedacht, daß Sie jetzt Ihr Kind stillen müßten? Daß es jetzt naß ist und schreit?«

Einziger Lichtblick für das Publikum war der Staatsanwalt, der ein bißchen Farbe ins Verfahren brachte. Anschaulich beschrieb er das skelettierte und mumifizierte drei Monate alte Kind, das verdurstet in seinem Bettchen lag, und die beiden verhungerten Hunde, Pekinesen, auf dem Balkon. Das kalte Grauen, sagte er, habe ihn beim Anblick der Fotografien gepackt. Das Kind litt bis zum Tode vier bis sechs Tage, für die Hunde auf dem Balkon dauerte die Qual fünf Wochen. Nein, niemand im Hochhaus hörte etwas bellen oder schreien. Erst als den Nachbarn der Verwesungsgeruch allzu penetrant in die Nase stieg, holte der

Hauswart die Polizei. Die alte Geschichte. Viele hatten es kommen sehen, am deutlichsten Biserkas Exehemann, ein Hilfsarbeiter aus Graubünden. Gleich nach dem Bekanntwerden der Tat besuchte ihn die *Schweizer Illustrierte* in »seinem winzigen Zimmer«, wie das Blatt mitfühlend notierte; an der Wand hing das Kioskplakat: »Mutter ließ Baby verhungern.« Für ihn keine Überraschung. Schon immer hatte seine Exfrau nur eines im Kopf: ihr Vergnügen. Nichts anderes konnte sie am tage-, ja wochenlangen Herumstreunen hindern: »der dicke Bauch« einer neuen Schwangerschaft. Auch, sagte er, kam es ihr wohl gerade recht, daß man ihr nach der Scheidung die drei Kinder wegnahm: »Das gab ihr Freiheit.« Auch ihm selbst brachte sie nur Unglück. Nicht nur verlor er ihretwegen seine Stelle, weil er dauernd auf die Kinder aufpassen mußte. Nein, er wurde auch drogensüchtig, weil sie ihn aus der Wohnung warf. Doch, schloß er gewichtig und sichtbar seine neue Prominenz genießend: »Ich werde für meine Kinder kämpfen.«

Die Geschichte vom verhungerten Baby hielt die Schweiz wochenlang in Atem. Da verläßt eine 31jährige Hausfrau abends um elf ihre Wohnung im Zürcher Vorort Spreitenbach, um auf dem Letten Kokain zu kaufen, und statt am nächsten Tag zurückzukehren, bleibt sie sechs Wochen, ohne sich um das Schicksal ihres Säuglings und der zwei Hunde in der Dreizimmerwohnung zu kümmern.

Natürlich sucht man nach Verantwortlichen und Schuldigen. Wieder einmal ist Gelegenheit, über die Kälte der Menschen in Hochhäusern und

Vorortgemeinden zu jammern. Und man sucht nach der Lücke im Sozialstaat, durch die eine Frau wie Biserka fallen konnte. Es gab sie offiziell nicht. Niemand hat seine Amtspflicht verletzt. Zwar hatte Biserkas Mutter ein mulmiges Gefühl, als sie nach den Ferien ihre Tochter telefonisch nicht erreichte. Doch die Behörden beruhigten sie: »Bis jetzt ist noch nichts passiert.« Auch der Beistand von Biserkas drei ehelichen Kindern hatte ein ungutes Gefühl und benachrichtigte – ebenso vergebens – den Beistand des jüngsten Kindes. So konnten sich jetzt alle auf vergebliche Briefe, vergebliche Telefonate, vergebliches Klingeln berufen. Hätte auch nur eine der Amtspersonen einen zweiten Anlauf genommen, um einen Blick in Biserkas Wohnung zu werfen, hätte sie Bescheid gewußt. Es herrschten so fürchterliche Verhältnisse, daß die Polizei, so erzählte das Boulevardblatt *Blick* seiner Leserschaft, »acht Tage lang die Sauordnung aufräumen mußte«.

Es war Biserkas einziger Notschrei. Sie klagte, aus Scham, niemals – wie viele überforderte Mütter, die, weil sie nicht mehr weiterwußten, ihre Kinder töteten. Doch daß niemand merkte, wie Biserka auf die Katastrophe zutrudelte, hat wohl auch mit ihrem Äußeren zu tun. Biserka sieht nicht aus, als ob sie Hilfe benötigte. Biserka wirkt stabil, ist eine große, kräftige Frau mit starken Zügen und breitem Rücken, gekleidet wie ein weiblicher Rambo in Lederhose und Gilet, die Ärmel ihres Männerhemds burschikos hochgekrempelt. »Zart wie ein Zeisig« erscheint die Verteidigerin an ihrer Seite.

Biserka mag nicht von Gefühlen reden. Eine

technische Untersuchung in der Psychiatrischen Klinik Königsfelden mußte abgebrochen werden, weil Biserka Angst hatte, die Maschine könnte ihr Inneres lesen. So wird man natürlich nicht geboren. So wird man gemacht. Biserka, uneheliche Tochter einer Slowenin, hat früh erlebt, daß man nirgendwo sicher ist, selbst in der eigenen Familie nicht. Sie wurde sowohl von ihrem Vater wie von ihrem Halbbruder sexuell mißbraucht. Und später auch vom neuen Freund ihrer Mutter belästigt. Die Mutter ist beim Prozeß anwesend. Sie nahm ihre Tochter, damals fünfzehn, mit in die Schweiz, wo sie gemeinsam in der Küche arbeiteten. Die Mutter sieht nicht aus wie eine Küchengehilfin, eher wie die Patronne des Restaurants, eine gepflegte Frau mit lila geschminkten Lippen. Jetzt ist sie pensioniert. Jetzt kann sie sich Ferien in Tunesien leisten. Und hat auch ihren Lebenstraum erfüllt: Sie ist stolze Besitzerin einer Eigentumswohnung in Slowenien.

Von Anfang an war sie gegen das vierte Kind ihrer Tochter. Der Kindsvater, ein Türke, der auf dem Letten verkehrte, wollte es ebenfalls nicht. Doch Biserka, die an Hassans Seite so etwas wie Ruhe und Sicherheit empfand, wünschte sich ihr neues Leben und neues Heim vollständig mit Kind, Hunden und Wellensittich. Sie besaß es nicht lange. Als sie im sechsten Monat schwanger war, wurde ihr Freund von der Polizei abgeschoben. Das Geld ihrer Mutter war aufgebraucht. Die Behörden wiesen sie ab: »Von uns bekommen Sie jetzt, wo Ihre anderen drei Kinder im Heim sind, nichts mehr.« Als das Kind auf die Welt kam, nannte sie es nach seinem Vater Hassan.

Die Mahnungen häuften sich. Das Telefon wurde gesperrt: »Kein Anschluß unter dieser Nummer.« Ohne Mann, ohne einen Menschen, mit dem sie reden konnte, blieb sie wochenlang allein in ihrer Wohnung. Ohne Geld spazierte sie durch das Spreitenbacher Shoppingparadies, einen Ort, der nur aus Einkaufscentern und Parkplätzen zu bestehen scheint. Bis zu jenem Abend, als ihr, so schreibt die Anklageschrift einfühlsam, »die Decke auf den Kopf zu fallen schien«. Erst sah sie fern, dann betrachtete sie die Fotos der Kinder, die man ihr weggenommen hatte. Sie dachte an ihren Freund in der Türkei und an ihren Exmann, einen Alkoholiker, der während ihrer Ehe das gesamte Geld in Bars des Rotlichtviertels durchgebracht hatte und jeden Abend betrunken nach Hause gekommen war. Immer auswegloser schien ihr ihr Leben. Um zehn Uhr abends führte sie die Hunde auf die Straße und fütterte sie. Dann schaute sie nach dem Kind; es schlief. Und dann stieg sie in den Bus, um nach Zürich an den Letten zu fahren. Dort kannte sie Leute, dort konnte sie reden. Dort war eine Art Ersatzheimat.

Sogar auf dem Letten machte man sich Gedanken. »Wo hast du denn das Baby?« fragten Dealer und Junkies. »Bei Nachbarn« bekamen sie zur Antwort. Mehr wollte niemand wissen. Man hatte dringendere Sorgen. Mehr wollte auch Biserka nicht wissen. Vielleicht, so ihre vage Hoffnung, kümmerten sich ja wirklich die Nachbarn um ihr Kind. Früher jedenfalls, damals in Effretikon, hatten die Nachbarn auch die Polizei gerufen, wenn sie nicht mehr auftauchte und die Kinder in der

Wohnung tobten. Oder wenn ein Kind schlafend auf der Türschwelle gefunden wurde. Am nächsten Morgen verschob sie die Rückkehr um einen Tag. Dann um den nächsten. Dann verschob sie die Rückkehr aus Angst, es sei etwas passiert. Und schließlich aus Scham, als sie in der Zeitung las, daß Hassan und die Hunde verendet waren.

Heftig wehrt sich Biserka gegen den Vorwurf, drogensüchtig zu sein. Biserka will mit Kokain nur hin und wieder »ein bißchen wegtreten«. Ein Gramm reicht lange. Sie schluckt es, wie andere Hausfrauen Beruhigungs- oder Aufputschmittel schlucken: einfach ein paar Stunden Ruhe vor der inneren Unruhe haben. Biserka hatte sich immer im Griff, war nicht so verwahrlost wie die Versumpften in der Szene, hat immer irgendwo ein Bett gefunden, um zu schlafen. Doch es gehört zur juristischen Logik, daß ihr just die Nichtsucht beim Strafmaß zum Nachteil gereicht: je bewußter sie die Tat begangen hat, desto größer ihre Verantwortung. Die Aufgabe des Gerichtes: die Tat auf der Tötungsskala zu plazieren. Die reicht vom unabsichtlichen Unfall, der fahrlässigen Tötung – dafür plädierte die Verteidigerin – bis zum Mord aus niederem Beweggrund. Das Gericht entschloß sich für die Sichtweise des Staatsanwaltes, der in Biserkas Tat eine eventualvorsätzliche Tötung sah, reduzierte aber das beantragte Strafmaß von zehn Jahren Zuchthaus auf sieben Jahre. Denn da gab es auch ein psychiatrisches Gutachten, das Biserka verminderte Zurechnungsfähigkeit und »eine bemerkenswerte Unfähigkeit« attestierte, sich in andere Menschen hineinzuversetzen. Selbst, wenn sie sie liebt.

Biserka schreibt ihren Kindern täglich. Oder ruft sie aus dem Gefängnis an, wo sie ihre Strafe bereits angetreten hat. Anders der Exehemann. Obwohl er so markig versprochen hatte, um seine Kinder zu kämpfen, hat er seine drei Buben bis jetzt kein einziges Mal im Kinderheim besucht. So muß man sich wohl an den Gedanken gewöhnen, daß es auch Mütter gibt, die ihre Kinder lieben, ohne in der Lage zu sein, für ihr Wohlbefinden zu sorgen. Das zu glauben fällt hierzulande besonders schwer, wo man die Qualität der Muttergefühle an den scharfen Bügelfalten des Gatten und den sauberen Jeans der Kinder abliest.

Weltwoche 1998